Willard A. Palmer • Morton Manus • Amanda Vick Lethco

Alfreds

Klavierschule für Kinder

Band 2

CD INSIDE

Mit Hörbeispielen aller Übungen und Lieder auch als DOWNLOADS!

Die bewährte Methode für Kinder basierend auf einer der meistverkauften Klavierschulen weltweit!

- Bekannte Kinderlieder
- Lehrerbegleitstimmen
- Quizrätsel
- Kindgerechte Illustrationen

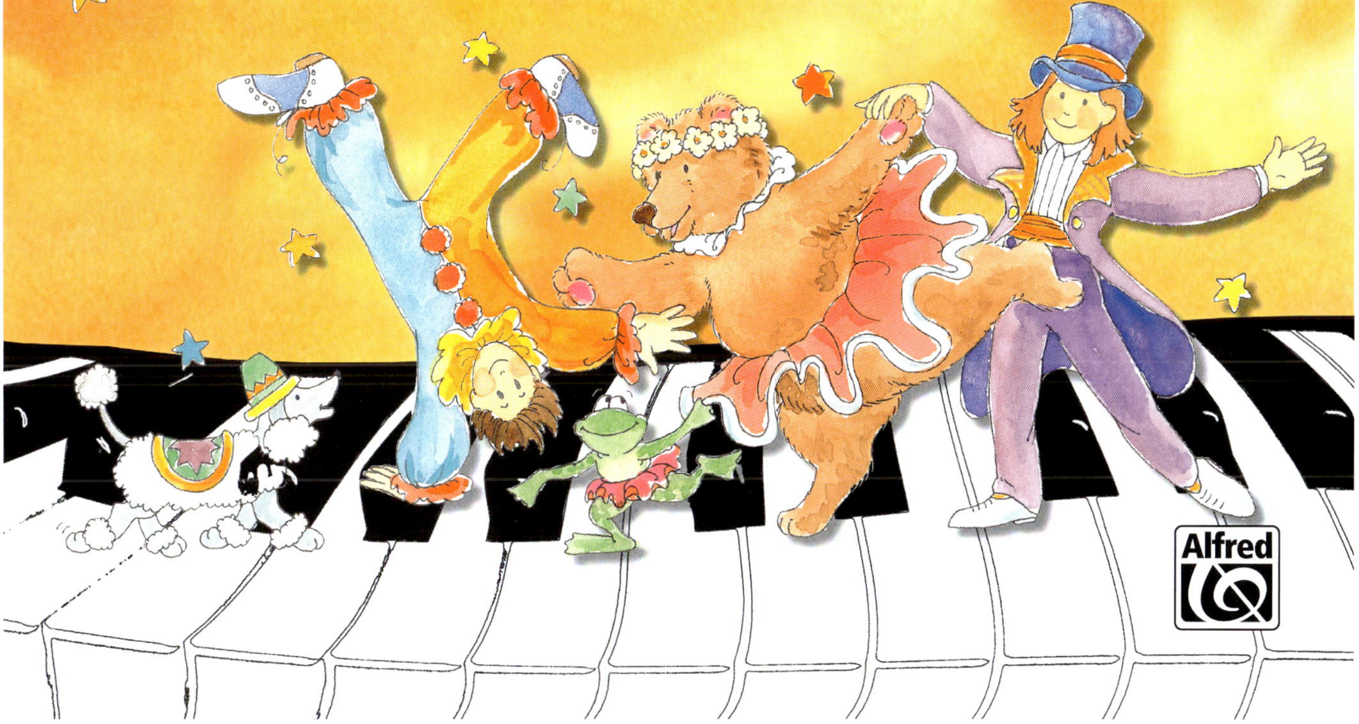

Alfred

Klasse, dass du dein Klavierspiel mit Band 2 fortsetzt!

Da bin ich wieder, **Professor Doggi**, der Piano-Hund! Zusammen mit meinen Freunden möchte ich dich auf deinem Weg zum **KLAVIER-DIPLOM** begleiten.

Du hast sicherlich schon festgestellt, dass das Klavierspiel riesig Spaß macht. Diesen Spaß möchte ich dir auch in **Band 2** dieser Klavierschule bereiten. Du wirst viele neue Dinge kennenlernen und deinen Freunden, Eltern und Großeltern bekannte Kinderlieder, populäre Vortragsstücke sowie erste klassische Werke vorspielen können. Alles ist leicht verständlich erklärt, und mit Hilfe der Hörbeispiele auf der **CD** oder **auch online** kannst du dir immer anhören, wie die Musik klingen soll. Meine Freunde und ich nehmen dich mit auf eine Abenteuerreise durch die bunte Welt des Klavierspiels. Auf diesem Weg werde ich dich auf die wichtigen Dinge aufmerksam machen und dir helfen, die einzelnen Stationen deiner Reise zu erreichen. Am Ende jeder Etappe steht ein kleines Quiz, in dem du die einzelnen Reiseabschnitte noch einmal im Rückblick erleben kannst.

Die Quizaufgaben wirst du leicht lösen können. Wenn nicht, findest du die Lösungsseiten online auf **www.klavier-fuer-kinder.de**.

Zum Abschluss deiner Abenteuerreise erwartet dich die nächste **Urkunde**, die dir bescheinigt, dass du diesen Pianokurs erfolgreich abgeschlossen hast.

Viel Spaß und Erfolg mit **Band 2** von **ALFREDS KLAVIERSCHULE FÜR KINDER** wünschen dir

DOGGi und seine Freunde!

Hol dir auch das SPIELBUCH zu Alfreds Klavierschule für Kinder!

ONLINE AUDIO
Note the code:

*Du hast **keinen CD-Player**? Du möchtest die Hörbeispiele auf deinem **Smartphone, Tablet** oder einem **mp3-Player** anhören? Dann kannst du dir die dazugehörigen mp3-Dateien von unserer **Website downloaden:***

alfred.com/redeem

Dein Password:
3943638316

Im **Spielbuch** findest du noch weitere interessante Spielstücke zu Band 1 und Band 2 dieser Klavierschule für Kinder!

Das Spielbuch
ISBN: 978-3-943638-36-3

Band 1
ISBN: 978-3-943638-30-1

Band 2
ISBN: 978-3-943638-31-8

Band 3
ISBN: 978-3-943638-32-5

Impressum

Deutsche Übersetzungsausgabe:
Alfreds Klavierschule für Kinder Band 2
Übersetzt und für den deutschen Markt adaptiert von:
Michaela Paller
© 2018 / 2023 by Alfred Music Publishing GmbH
Lützerathstraße 127 • 51107 Köln (Germany)
All rights reserved.
Printed in Germany.
alfred.com | klavier-fuer-kinder.de
info@alfredverlag.de

Best.-Nr.: 20200G
ISBN-10: 3-943638-31-6
ISBN-13: 978-3-943638-31-8

Illustrationen:
Jeff Shelly (Doggi-Figur auf S. 2, 4, 10, 13, 22, 23, 25, 28, 31, 34, 38, 41, 44, 46, 50)
Dieter Bootz (S. 11)
Christine Finn (Coverillustration und alle übrigen Illustrationen im Inhalt)
Layout, Lektorat und Produktionsleitung:
Thomas Petzold
Notensatz: Gina Ries und Thomas Petzold

Amerikanische Originalausgabe:
Alfred's Basic All-in-One Course Universal Edition
Book 2 / Teile von Book 3
by Amanda Vick Lethco | Morton Manus | Willard A. Palmer
© 1994 by Alfred Music
Best.-Nr.: 14505 | ISBN 978-0-7390-1331-1 (Book 2)
Best.-Nr.: 14506 | UPC 03808112503 (Book 3)
All rights reserved.
alfred.com

Inhalt

TITEL	SEITE	CD	Spielbuch
Herzlich Willkommen	4		
Mondlandung	4	1	
Die Intervalle Sekunde und Terz	5		
Am Meeresgrund	5	2	
Der Cowboy Bill	6	3	
Wir schreiben Sekunden und Terzen	6		
Mein nächstes Konzertstück: Schlaf, Kindlein, schlaf	7	4	
EINFÜHRUNG DER INTERVALLE QUARTE UND QUINTE			
Das Intervall Quarte	8		
Quarten und Terzen	8	5	21
Harmonischer Walzer	9	6	
Kopfüber Walzer	9	7	
Die ganze Pause	10		
Onkel Bill	10	8	
Wir schreiben Intervalle	10		
Mit links und rechts	11	9	
Mein Hut, der hat drei Ecken	11	10	
Das Intervall Quinte	12		
Wir spielen Quinten	12	11	22
Prélude	13	12	
Der Esel	14	13	23
Der Rock geht ab!	15	14	
Wörter mit „G"	16	15	
EINE NEUE FINGERLAGE: DIE 5-FINGERLAGE G	18		
Die G-Lage	18	16	24
Wir schreiben die 5-Fingerlage G	19		
Jingle Bells	20	17	25
Der Auftakt	22		
Willie und Tillie	22	18	
Die halbe Pause	23		
Mein Freund	23	19	26
Wir wiederholen Pausen	24		
Pausenlied	24	20	
Wir schreiben Pausen	24		
DIE ACHTELNOTEN	25		
Auf, ihr Kinder	25	21	27/28
Wir schreiben Achtelnoten	26		
Der Kuckuck und der Esel	27	22	29
DAS KREUZVORZEICHEN (♯)	28		
Mein Roboter	28	23	30
Wir schreiben Kreuzvorzeichen (♯)	29		
Mein nächstes Konzertstück: Hey, witchi tai tai (Fly like an Eagle)	30	24	
Geld	31	25	
DAS B-VORZEICHEN (♭)	32		
Der Gute-Laune-Tanz-Rock	32	26	31
Wir schreiben B-Vorzeichen (♭)	33		
Kookaburra	34	27	

TITEL	SEITE	CD	Spielbuch
DA CAPO AL FINE (D.C. AL FINE)	35		
Der Indianer-Groove	35	28	32
Die lila Kuh	36	29	
STACCATO IST DAS GEGENTEIL VON LEGATO!	37		
Indianer-Stimmen	37	30	
NEUE DYNAMIK-ZEICHEN: CRESCENDO / DECRESCENDO	38		
Regentropfen	38	31	
Im Garten	38	32	33
Opas Penduhr	39	33	
When the Saints ...	40	34	
Der Akzent (>)	41		
Oom-Pa-pa!	41	35	34
Der Clown	42	36	
Etüde in C (vereinfacht)	43	37	
TEMPOANGABEN (ALLEGRO, MODERATO, ANDANTE, ADAGIO)	44		
Walzerzeit	44	38	35
Wir schreiben Tempoangaben	45		
Drei kurze Stücke	45	39	
Die Fermate	46		
Eine Fermate	46	40	36
Der Regenbogen	47	41	
Affen im Weinfass	48	42	
Mein nächstes Konzertstück: Die Vogelhochzeit	49	43	
EINE NEUE TAKTART: DER 2/4-TAKT	50		
Atte katte nuwa	50	44	37
Kookaburra (mit Kreuzvorzeichen)	51	45	
Menuett und Trio	52	46	
Ritardando / a tempo	54		
Die Windmühle	54	47	38
Indianer	55	48	
Dornröschen	56	49	
EINE NEUE FINGERLAGE: DIE 5-FINGERLAGE G (LH 1 OKTAVE HÖHER)	57		
Die neue G-Lage	57	50	39
Das Cowboy-Lied	58	51	
Wir schreiben die neue 5-Fingerlage G für die LH	60		
Bonbonbaum und Popcornzaun	60	52	40
Freunde (mit Lagenwechsel)	61	53	
DAS PEDAL	62		
Pedal-Training	62	54	41
Wie eine Harfe ...	63	55	
Meine Rockmusik-Box	64	56	
ABSCHLUSS-QUIZ: Sprichst du Italienisch?	65		
URKUNDE	66		

Herzlich Willkommen zu Band 2!

In Band 1 von ALFREDS KLAVIERSCHULE FÜR KINDER hast du schon so viel gelernt, dass dir die ersten Stücke in diesem Band leicht von der Hand gehen sollten.

DOGGi und seine Freunde wünschen dir viel Spaß und Erfolg mit **BAND 2** von ALFREDS KLAVIERSCHULE FÜR KINDER.

ONLINE AUDIO
alfred.com/redeem

Mondlandung

Los geht's! Wir starten mit deiner ersten Mondlandung!

HINWEIS: Wenn du die *Mondlandung* gespielt hast, wiederhole das Stück noch einmal. Dabei spielst du die zweite Zeile *eine Oktave (acht Töne)* höher. Die Pause am Ende der ersten Zeile gibt dir Zeit, um die Hände in die neue Position zu bringen. Am besten hörst du dir das auf der CD an.

Die Intervalle Sekunde und Terz

In *Am Meeresgrund* spielst du die Melodie häufig mit der linken Hand. Mit der rechten Hand greifst du SEKUNDEN (2) und TERZEN (3) in *harmonischen Intervallen*. Du hast sie schon in **Band 1** kennengelernt.

Am Meeresgrund

CD 02

Spiele die *harmonischen Intervalle* etwas sanfter als die Melodie, damit man sie gut hört. Umkreise die harmonischen Sekunden blau, die harmonischen Terzen grün.

Gemütlich

mf Un - ten am Mee - res - grund, find ich ein Wrack.

p Da - rin gibt's Sil - ber und Gold in 'nem Sack.

HINWEIS: Wenn du *Am Meeresgrund* schon gut spielen kannst, spiele die zweite Zeile mit *beiden Händen eine Oktave tiefer*. Am besten hörst du dir das auf der CD an.

Der Cowboy Bill

Musik und Text: überliefert

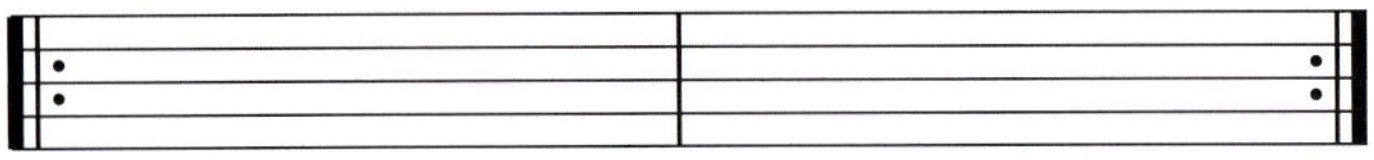

Fröhlich

2. Ich kenne einen Cowboy, der Cowboy, der heißt Bill.
Und wenn der Cowboy Lasso wirft, ...:
Und so wirft er Lasso, das Lasso wirft er so ...

3. Ich kenne einen Cowboy, der Cowboy der heißt Bill.
Und wenn der Cowboy schießen will, ...:
Und so schießt der Cowboy, der Cowboy, der schießt so ...

4. Ich kenne einen Cowboy, der Cowboy, der heißt Bill.
Und wenn der Cowboy trinken will, ...:
Und so trinkt der Cowboy, der Cowboy, der trinkt so ...

5. Ich kenne einen Cowboy, der Cowboy der heißt Bill.
Und wenn der Cowboy lachen will, ...:
Und so lacht der Cowboy, der Cowboy, der lacht so ...

Die Wiederholungszeichen innerhalb der Doppelstriche bedeuten, dass alles zwischen den beiden Doppelstrichen wiederholt werden soll.

Wir schreiben Sekunden und Terzen

Die Lösungen findest du online auf www.klavier-fuer-kinder.de.

1. Melodische Intervalle:
Schreibe hinter jede halbe Note eine weitere halbe Note mit dem angegebenen Intervall **aufwärts**.

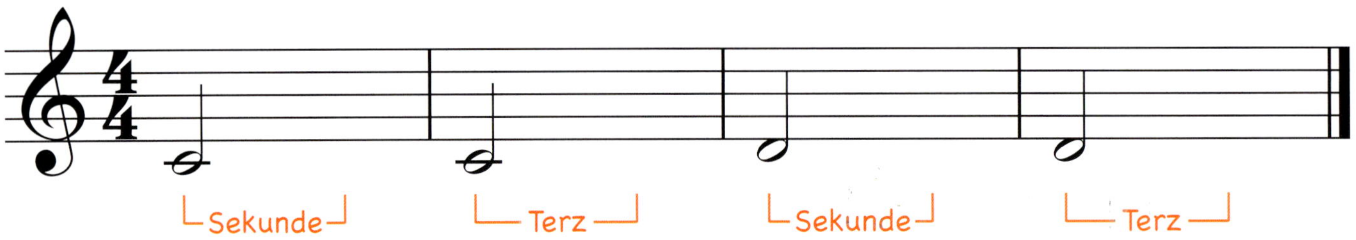

2. Harmonische Intervalle:
Ergänze jede ganze Note mit einer zweiten ganzen Note, damit das angegebene Intervall **abwärts** entsteht.

Mein nächstes Konzertstück

Ein tolles Klavierstück!
Du spielst am Klavier und singst dazu;
dein Lehrer kann dich begleiten.

Spiele das Stück auch eine Oktave höher zur Lehrerbegleitung auf www.klavier-fuer-kinder.de.

Schlaf, Kindlein, schlaf

Musik: Johann Friedrich Reichardt (1752–1814)
Text: Johann Heinrich Campe (1746–1818)

 CD 04

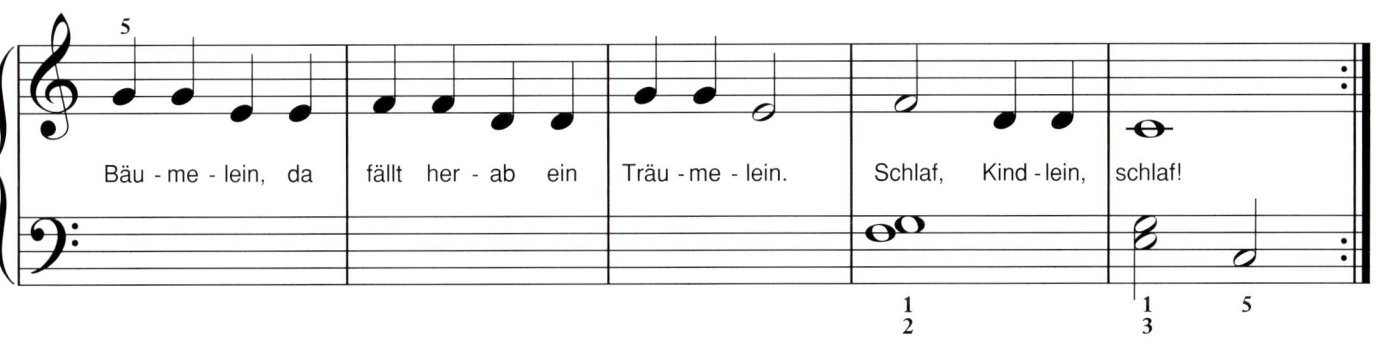

2. Schlaf, Kindlein, schlaf!
   Am Himmel ziehn die Schaf,
   die Sternlein sind die Lämmerlein,
   der Mond, der ist das Schäferlein.
   Schlaf, Kindlein, schlaf!

3. Schlaf, Kindlein, schlaf!
   So schenk ich dir ein Schaf
   mit einer goldnen Schelle fein,
   das soll dein Spielgeselle sein.
   Schlaf, Kindlein, schlaf!

Du kannst dieses Lied ganz leicht
durch ein **VORSPIEL** erweitern:

Wenn du diese Takte auch am Ende spielst,
nennt man das **NACHSPIEL**.

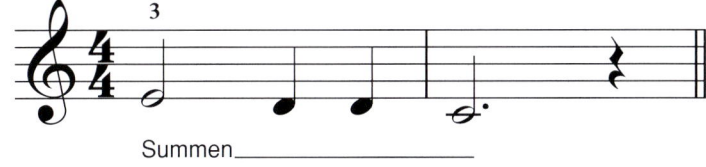
Summen

Vielleicht kennst du noch weitere Strophen des Liedes? Wenn du mehrere Strophen spielst, dann klingt das Vorspiel auch zwischen den Strophen sehr schön. Man nennt es dann **ZWISCHENSPIEL**.

LEHRERBEGLEITUNG: Lehrer spielt *1 Oktave* höher.

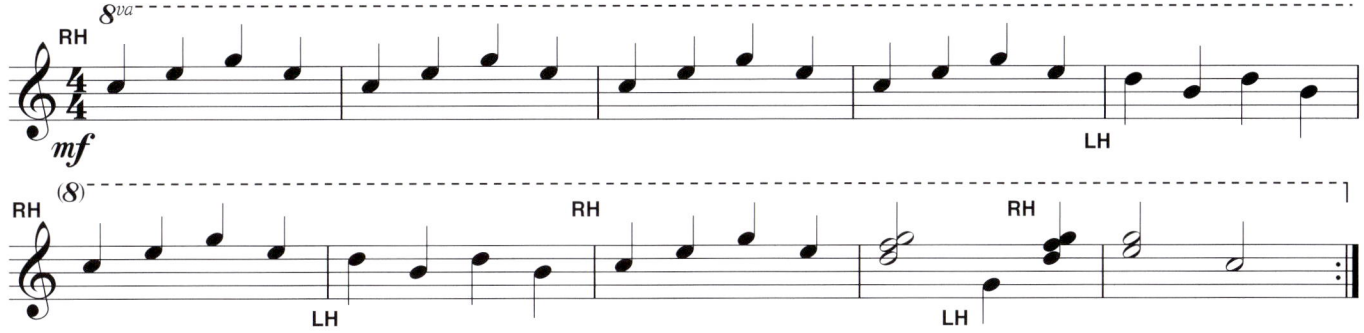

Das Intervall Quarte

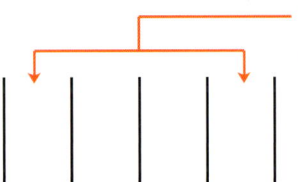

Wenn du 2 weiße Tasten überspringst, nennt man das Intervall **QUARTE (4)**.

QUARTEN schreibt man von einer Liniennote bis zu einem Zwischenraum oder umgekehrt.

Spiele und sprich:

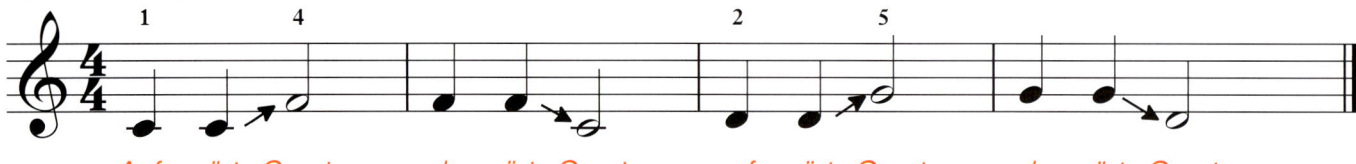

Auf - wärts Quart,   ab - wärts Quart,   auf - wärts Quart,   ab - wärts Quart.

Auf - wärts Quart,   ab - wärts Quart,   auf - wärts Quart,   ab - wärts Quart.

Quarten und Terzen

Nicht zu schnell

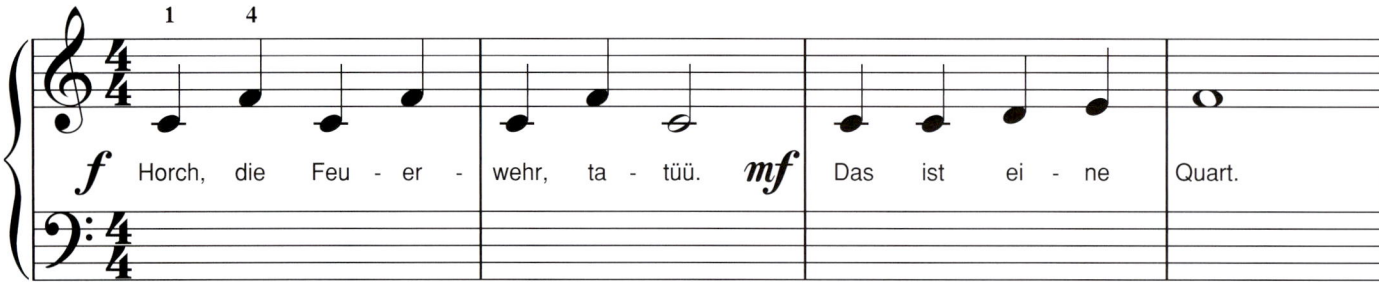

f Horch, die Feu-er-wehr, ta-tüü. *mf* Das ist ei-ne Quart.

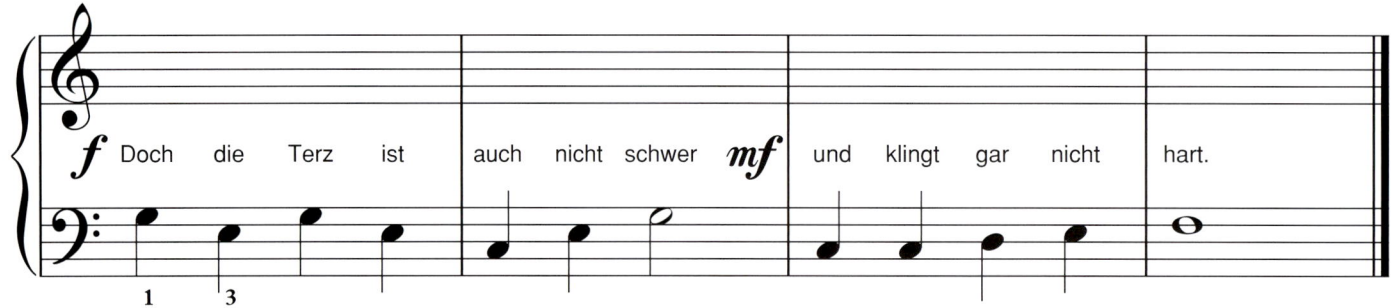

f Doch die Terz ist auch nicht schwer *mf* und klingt gar nicht hart.

Spiele das Stück auch eine Oktave höher zur Lehrerbegleitung auf www.klavier-fuer-kinder.de.

LEHRERBEGLEITUNG: Schüler spielt *1 Oktave* höher.

UND SO WIRST DU ZUM PROFI:

Bevor du beide Hände zusammen spielst:
1. Spiele die linke Hand und sprich jeden Intervallnamen dazu.
2. Spiele die rechte Hand und sprich jeden Intervallnamen dazu.

CD 06

Harmonischer Walzer
Harmonische Sekunden (2), Terzen (3) und Quarten (4)

Spiele: LH: *mf*   RH: *p*

Deine Handgelenke bleiben locker und entspannt.

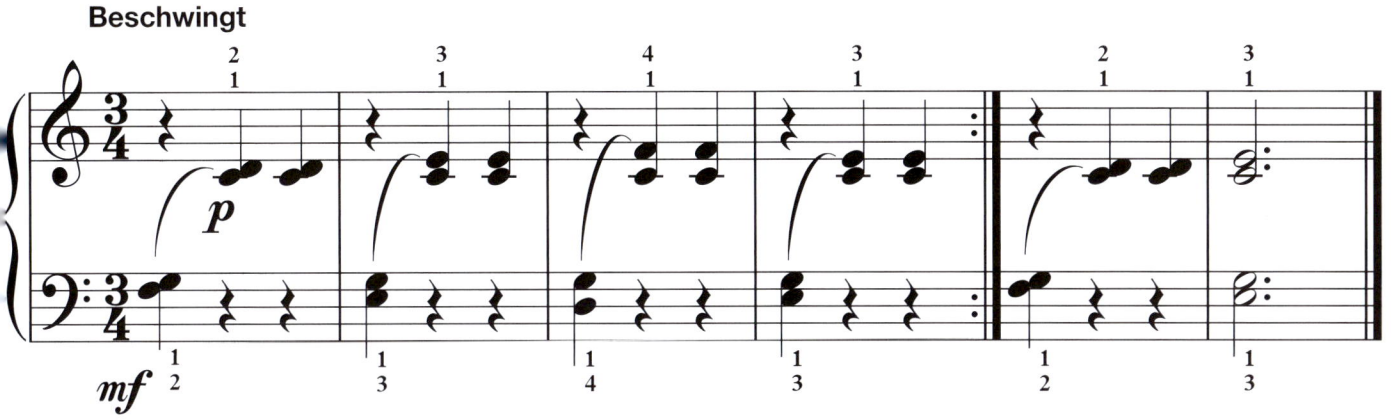

CD 07

Kopfüber Walzer

Spiele: RH: *mf*   LH: *p*

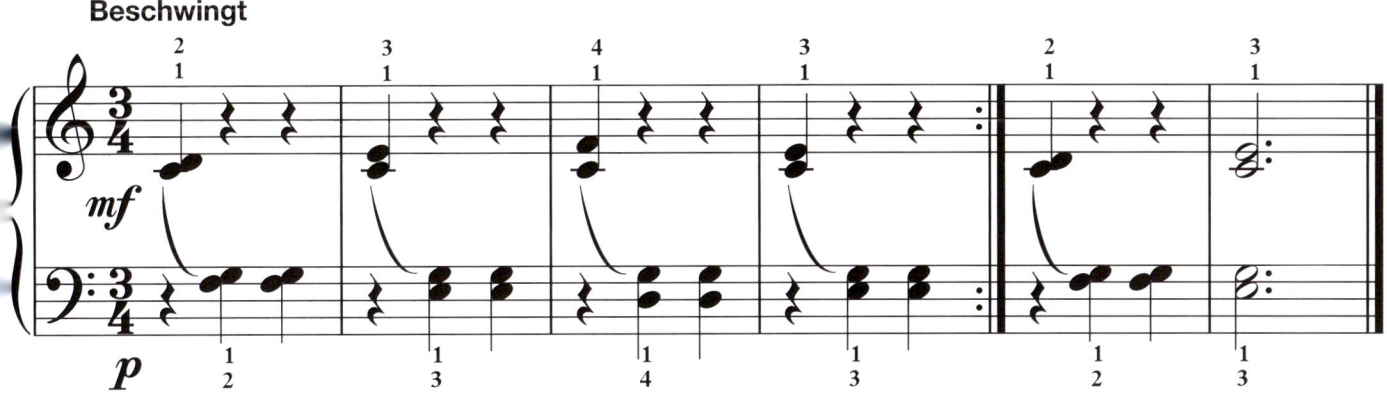

GANZE PAUSE

Das ist die GANZE PAUSE. Sie ist das Zeichen für Stille und ist genauso lang wie eine ganze Note oder wie ein ganzer Takt.

f-p bedeutet: Spiele beim ersten Mal *forte* und bei der Wiederholung *piano*.

Onkel Bill

CD 08

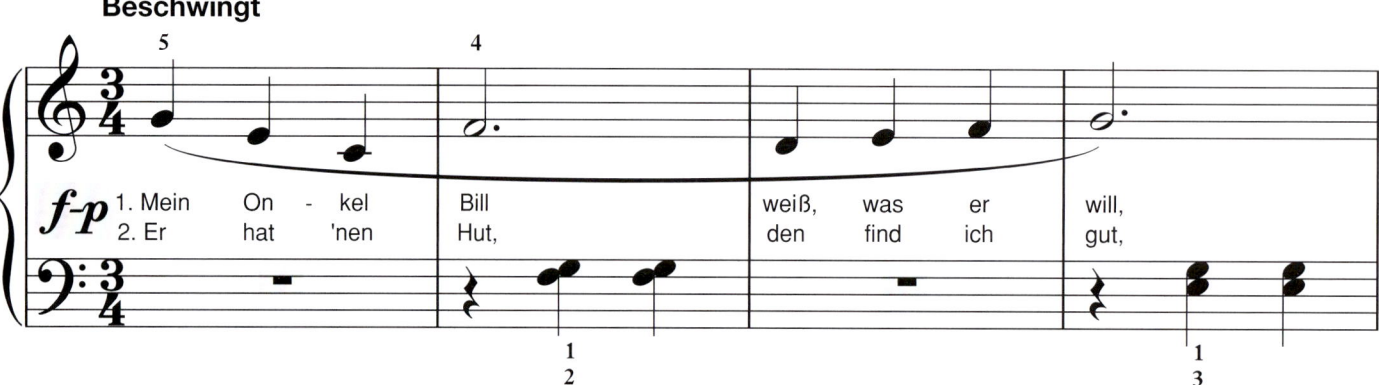

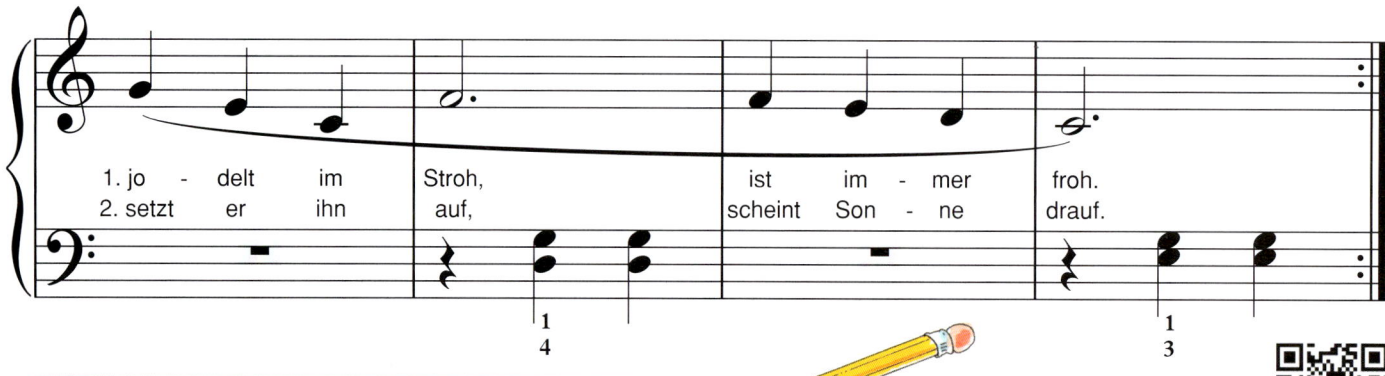

Wir schreiben Intervalle

Die Lösungen findest du online auf **www.klavier-fuer-kinder.de**.

1. Die nachfolgenden Intervalle sind _____ (melodisch oder harmonisch).
2. Schreibe die Intervalle in die Kästchen. Verwende dafür die Abkürzungen:

   2 = Sekunde   **3 = Terz**   **4 = Quarte**

3. Die nachfolgenden Intervalle sind _____ (melodisch oder harmonisch).
4. Schreibe die Intervalle in die Kästchen. Verwende dafür die Abkürzungen.

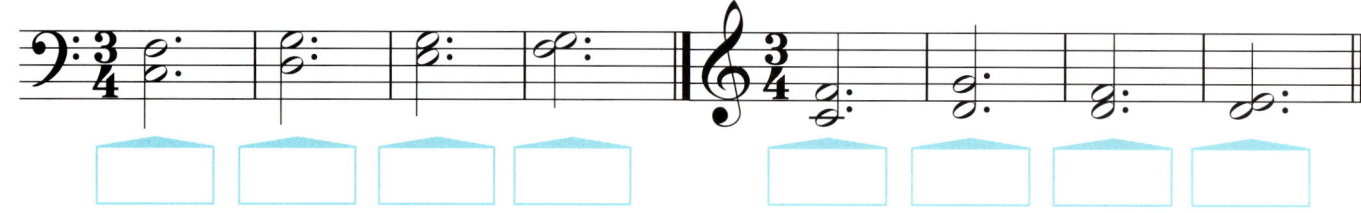

Mit links und rechts

Musik und Text: Michaela Paller

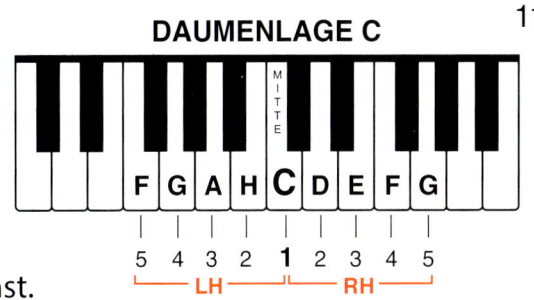

Auch diese Lage kennst du schon aus dem ersten Band. Die Notennamen wiederholst du, indem du alle Töne von unten nach oben spielst und die Notennamen dazu sprichst. Du kannst natürlich auch von oben anfangen.

CD 09

Und noch ein lustiges Lied, das du vielleicht schon kennst.

Mein Hut, der hat drei Ecken

CD 10

Musik und Text: überliefert

Bodypercussion

CD 10

Höre dir den Bodypercussion-Rhythmus auf der CD an.

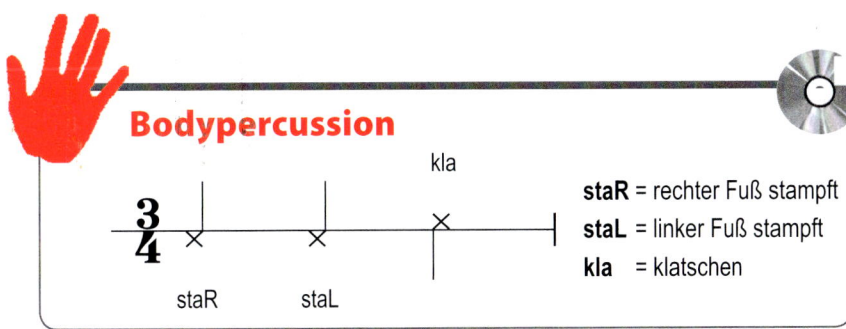

staR = rechter Fuß stampft
staL = linker Fuß stampft
kla = klatschen

Das Intervall Quinte

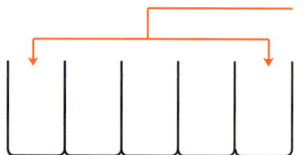

Wenn du drei weiße Tasten überspringst, nennt man das Intervall **QUINTE (5)**.

QUINTEN schreibt man von einer Liniennote zur übernächsten Liniennote oder von einer Note im Zwischenraum zur übernächsten Note im Zwischenraum.

Spiele und sprich:

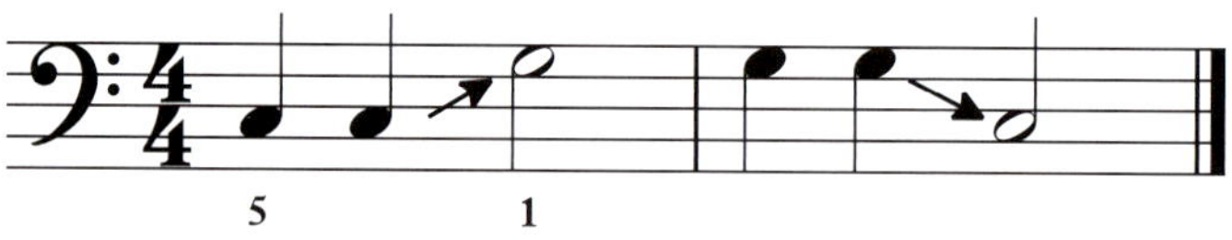

Auf - wärts Quint,   ab - wärts Quint,   Auf - wärts Quint,   ab - wärts Quint.

Wir spielen Quinten

Spiele auch: **SPIELBUCH** Spielstück 22

CD 11

Gemütlich

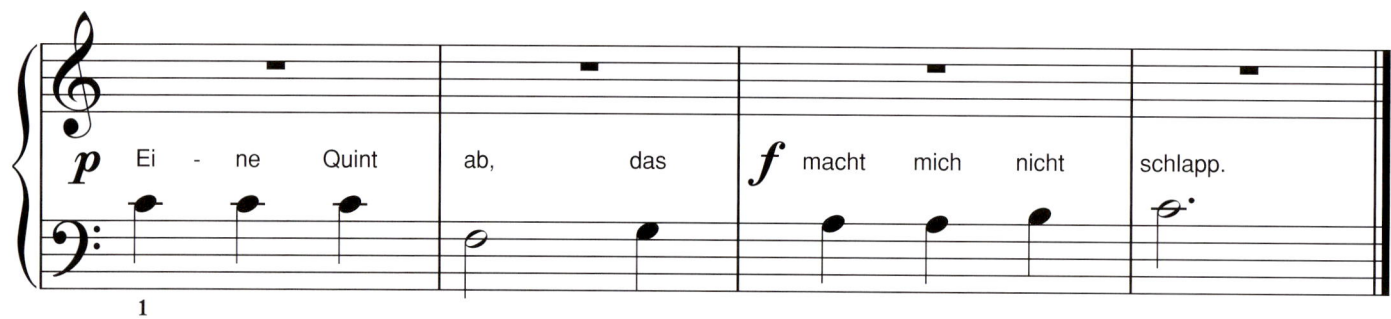

p Ei - ne Quint rauf, das hab ich schon drauf.

p Ei - ne Quint ab, das *f* macht mich nicht schlapp.

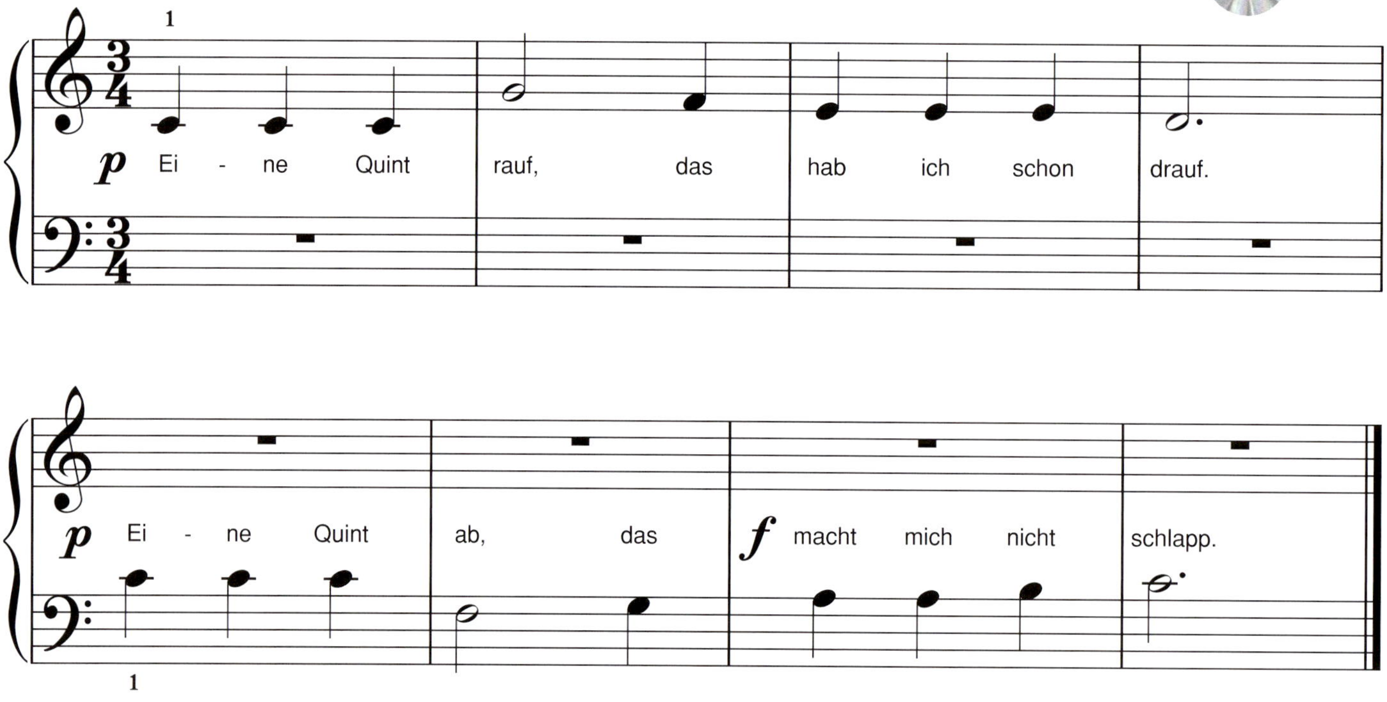

Prélude

1. Schreibe die Notennamen in die Kästchen.
2. Spiele das Präludium zuerst mit jeder Hand einzeln, danach mit beiden Händen gleichzeitig.
3. Achte auf die unterschiedlichen Dynamikzeichen.

PRÉLUDE
Ein **Prélude** oder auch **Präludium** ist eine Art Vorspiel, das instrumental, also ganz ohne Text, vorgetragen wird.

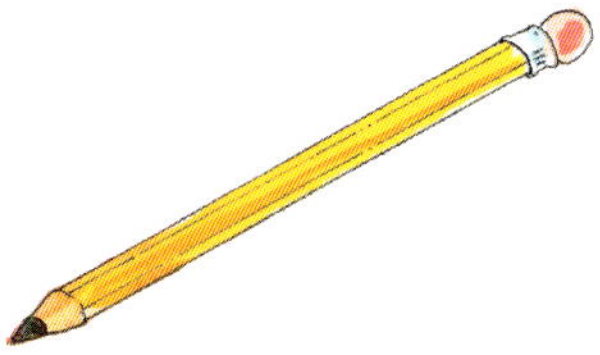

Die Lösungen findest du online auf www.klavier-fuer-kinder.de.

Zügig

Der Esel

Übe die linke Hand alleine und sprich die Namen der harmonischen Intervalle dazu. Hast du dir gut angeschaut, in welcher Position deine Hände liegen?

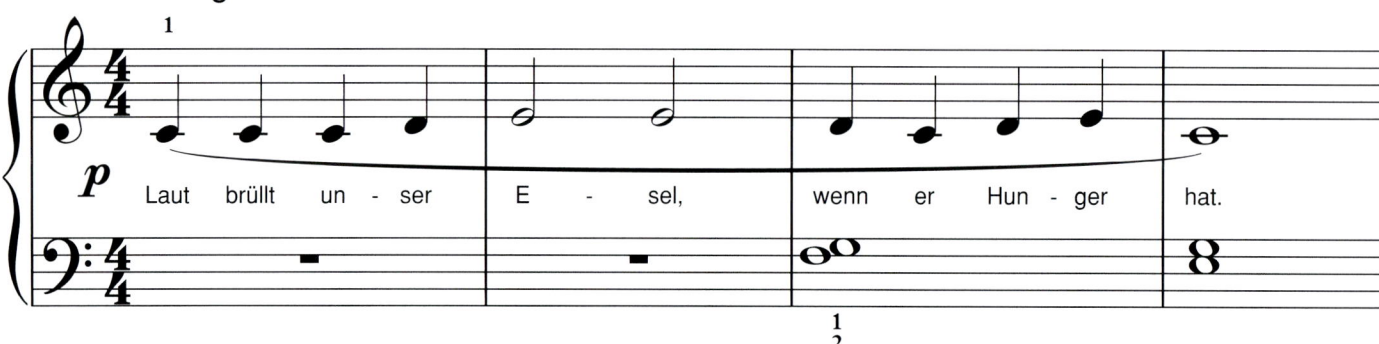

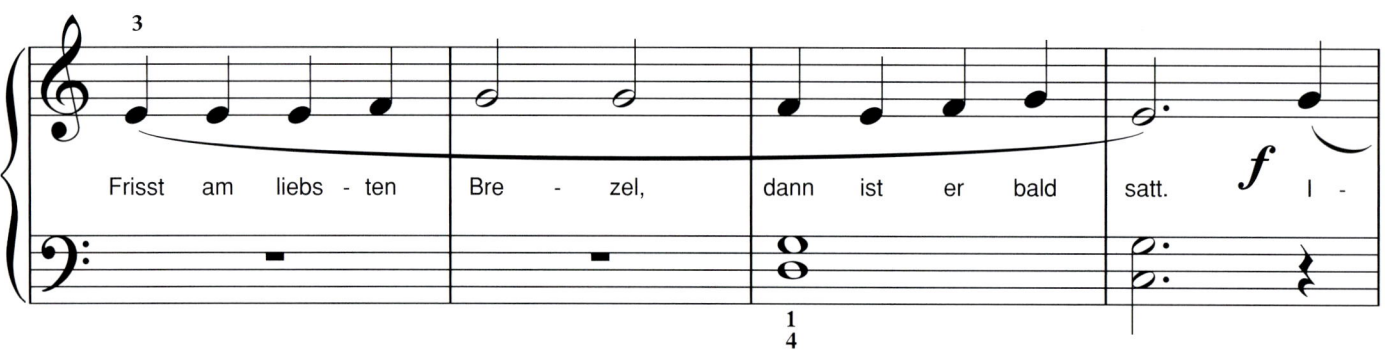

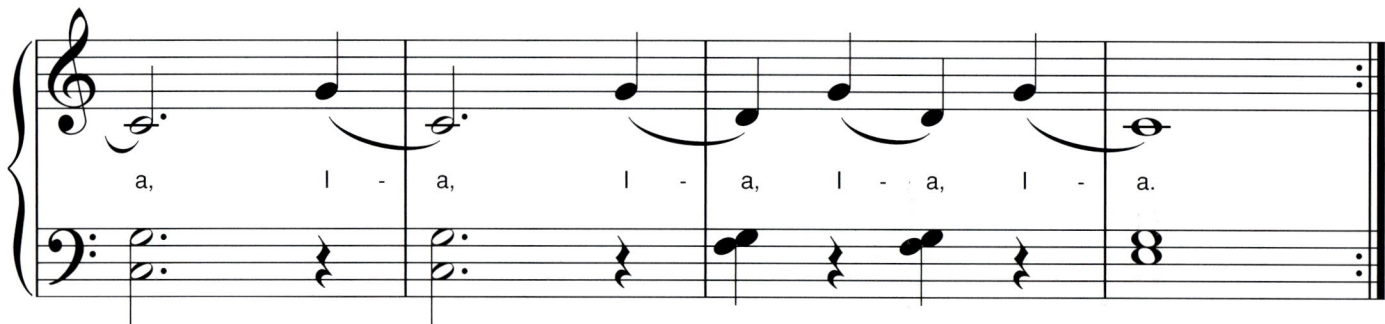

HINWEIS: Wenn du *Der Esel* schon gut spielen kannst, macht es viel Spaß, das Lied auch einmal als **KANON** zu musizieren und zu singen. Wenn ihr zu zweit seid, beginnt der zweite Spieler mit dem Lied, wenn der erste Spieler **Takt 4** beendet hat. Am besten hörst du dir das auf der CD an.

Wörter mit „G"

Fröhlich

p Kennst du schon Wör - ter mit „G"? Denk nach! Sei

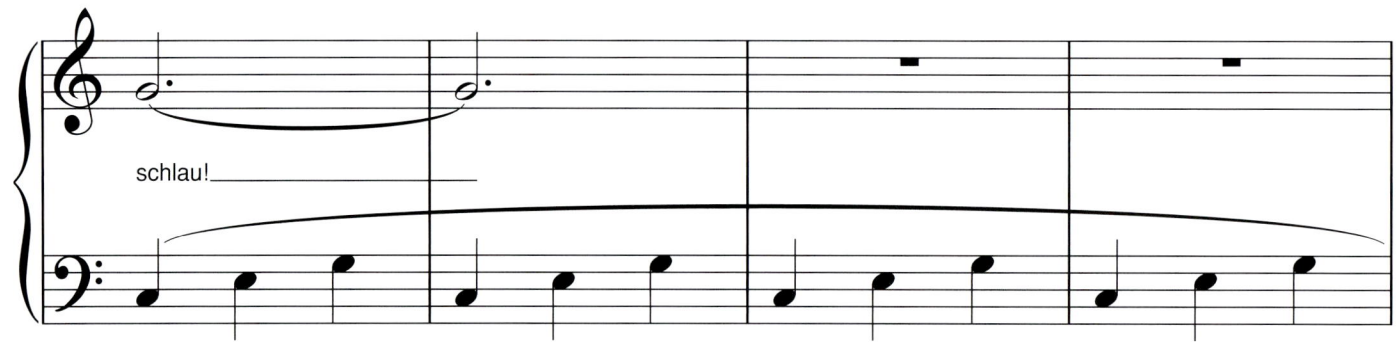

schlau!

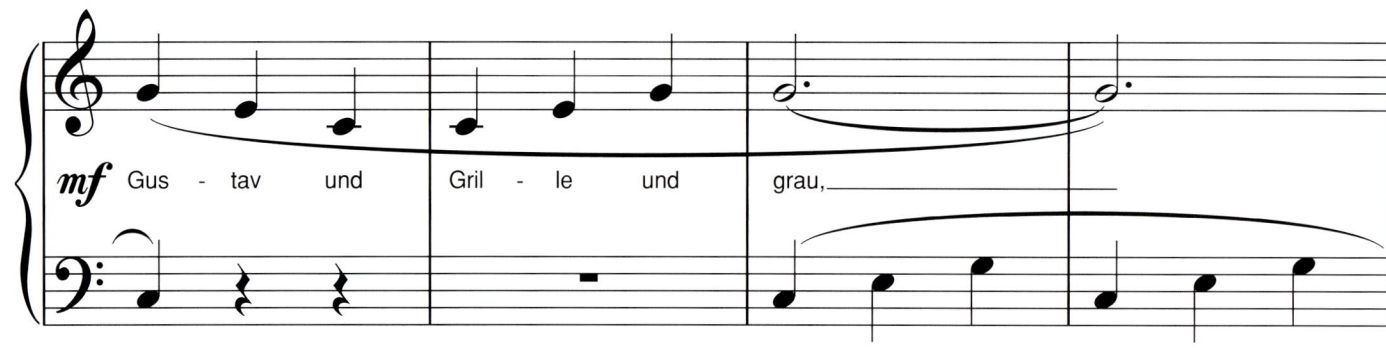

mf Gus - tav und Gril - le und grau,

17

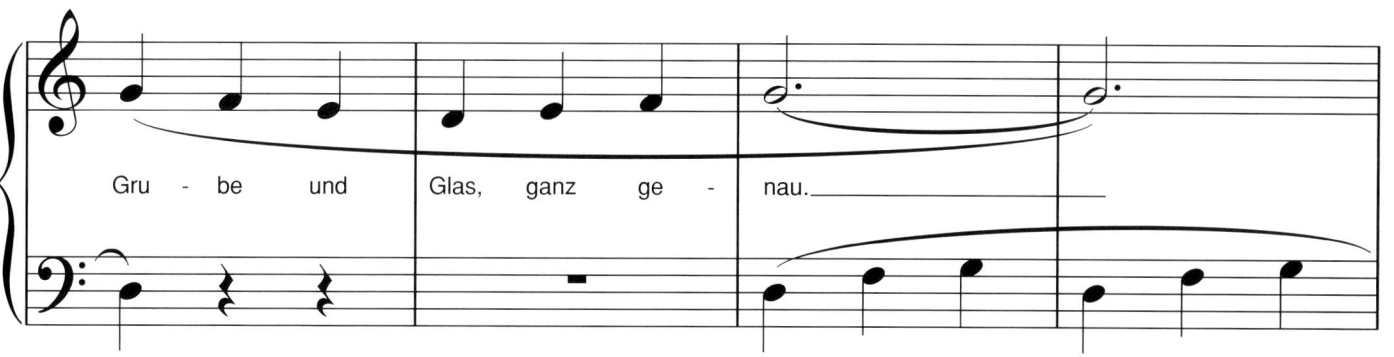

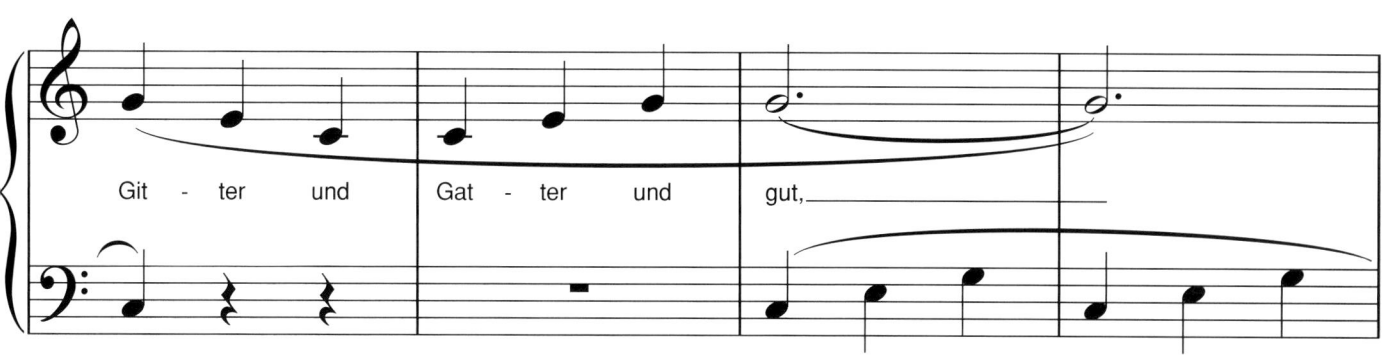

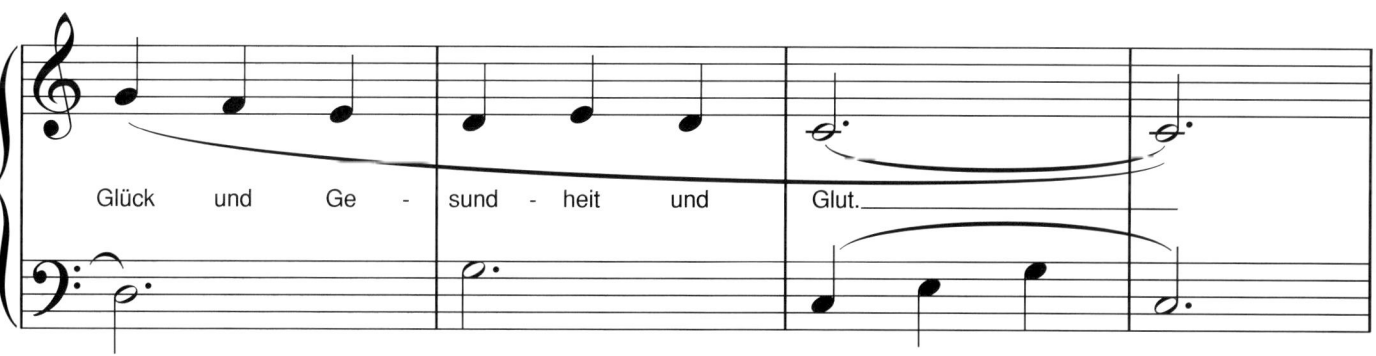

Langsamer

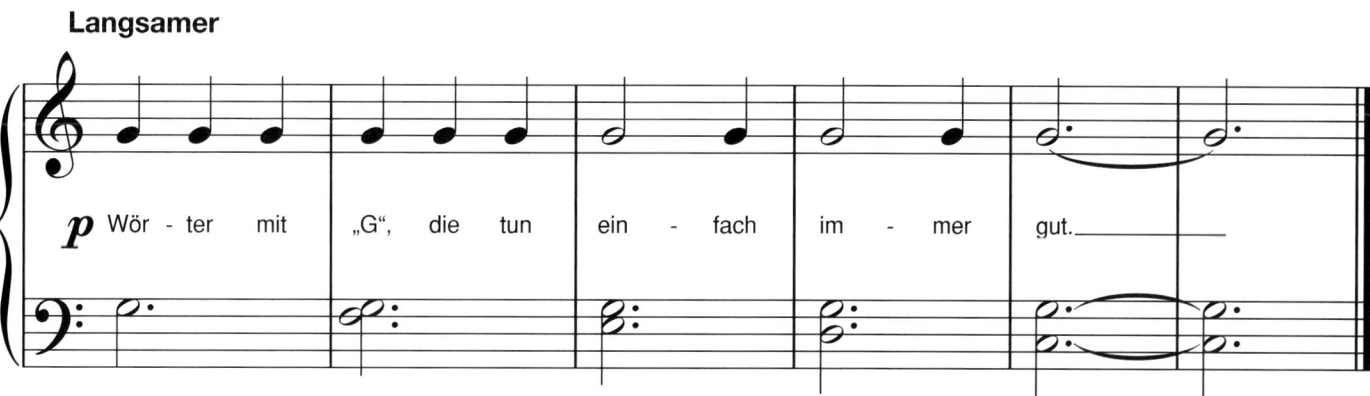

Eine neue Fingerlage: Die 5-Fingerlage G

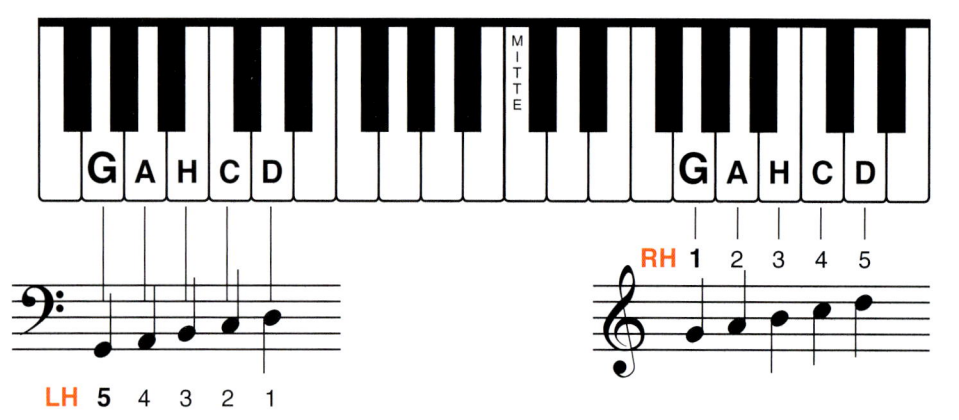

Spiele die Töne und sprich die Notennamen dazu.

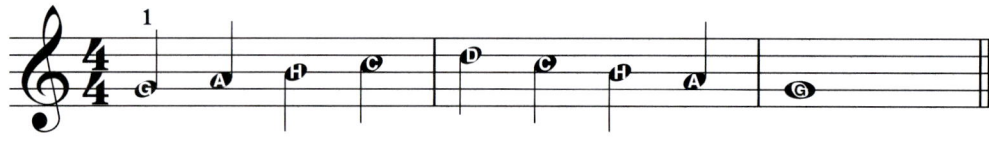

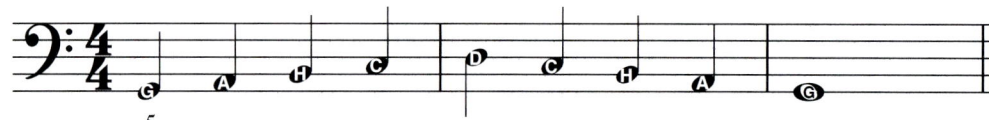

Die G-Lage

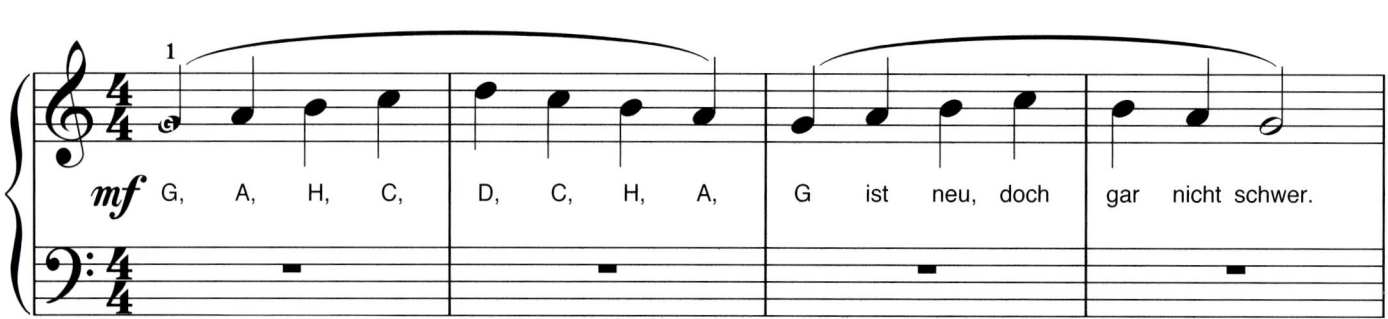
G, A, H, C, D, C, H, A, G ist neu, doch gar nicht schwer.

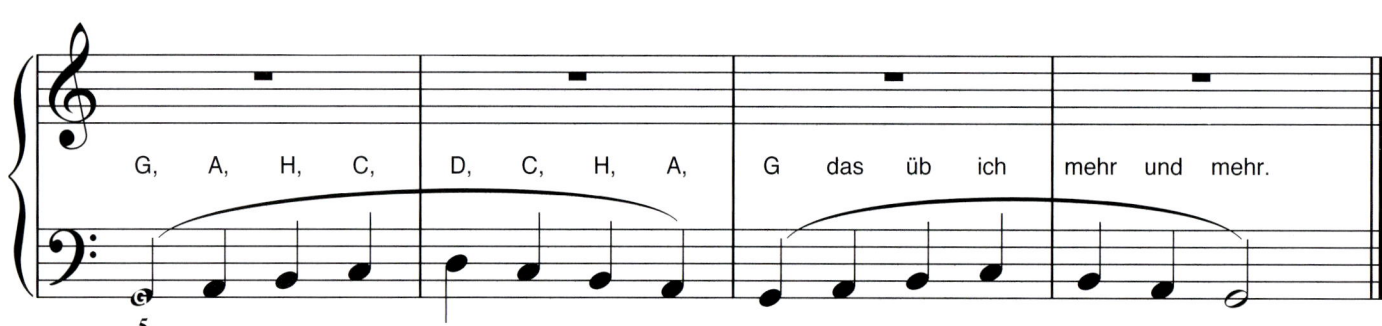
G, A, H, C, D, C, H, A, G das üb ich mehr und mehr.

Wir schreiben die 5-Fingerlage G

Erinnerst du dich?
Bei Noten ÜBER oder AUF der mittleren Notenlinie zeigt der Notenhals nach UNTEN.

Bei Noten UNTER der mittleren Notenlinie zeigt der Notenhals nach OBEN.

1. Zeichne von jeder Note eine Linie nach oben zur passenden Taste und ergänze die Fingersätze.

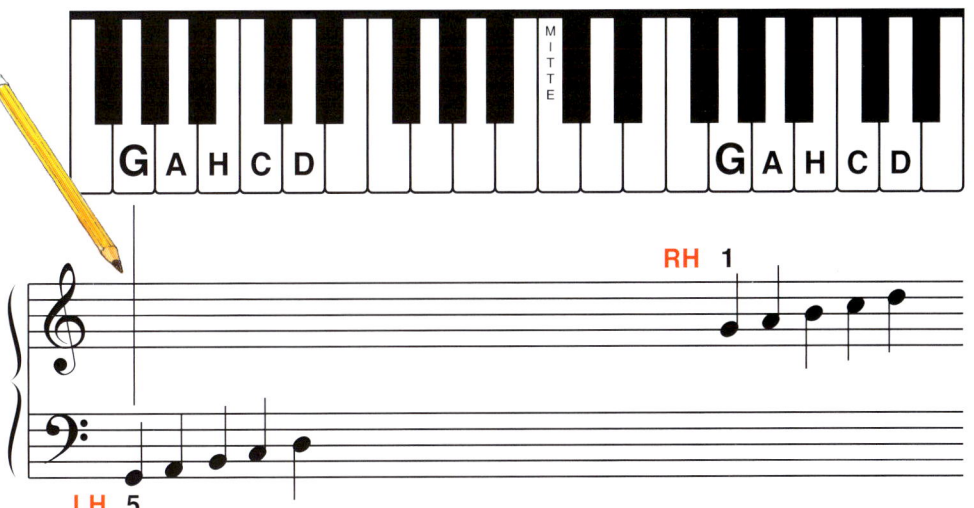

Die Lösungen findest du online auf **www.klavier-fuer-kinder.de**.

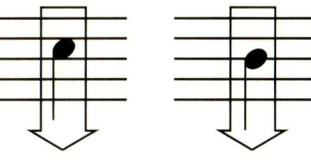

2. Schreibe die Noten der LH als Viertelnoten in den Bassschlüssel unter die Kästchen.
   Bei G, A, H und C kommt der Notenhals nach oben, bei D nach unten.
3. Schreibe die Noten der RH als Viertelnoten in den Violinschlüssel über die Kästchen.
   Bei G und A kommt der Notenhals nach oben, bei H, C und D nach unten.

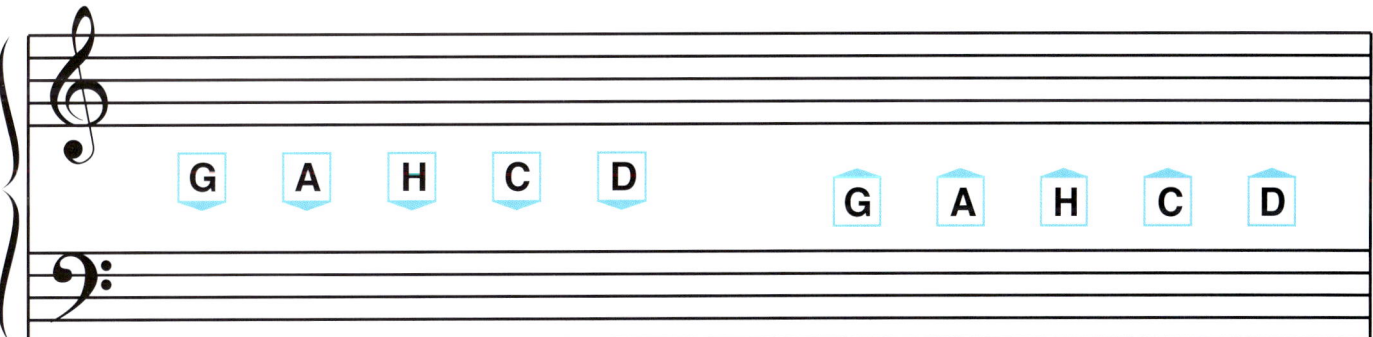

4. Wenn du in jedes Kästchen den richtigen Notennamen schreibst, erhältst du am Ende Wörter.

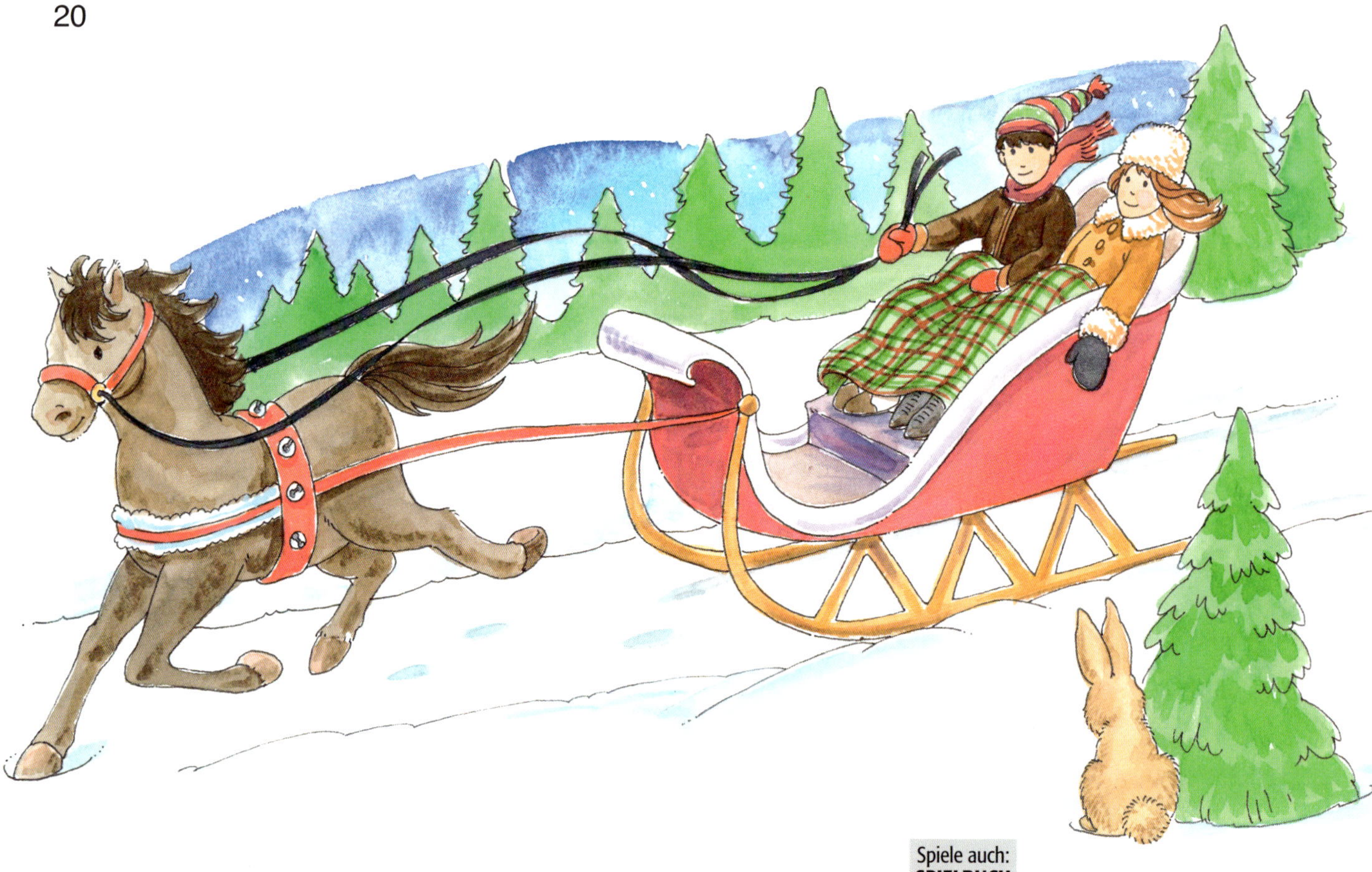

Jingle Bells

Musik und Text:
1857 James Lord Pierpont (1822–1893)

 CD 17

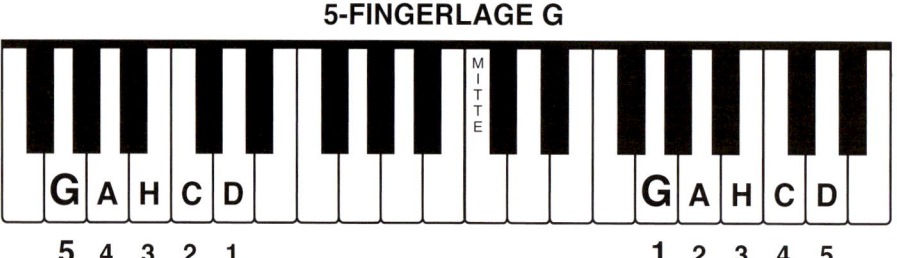

Festlich

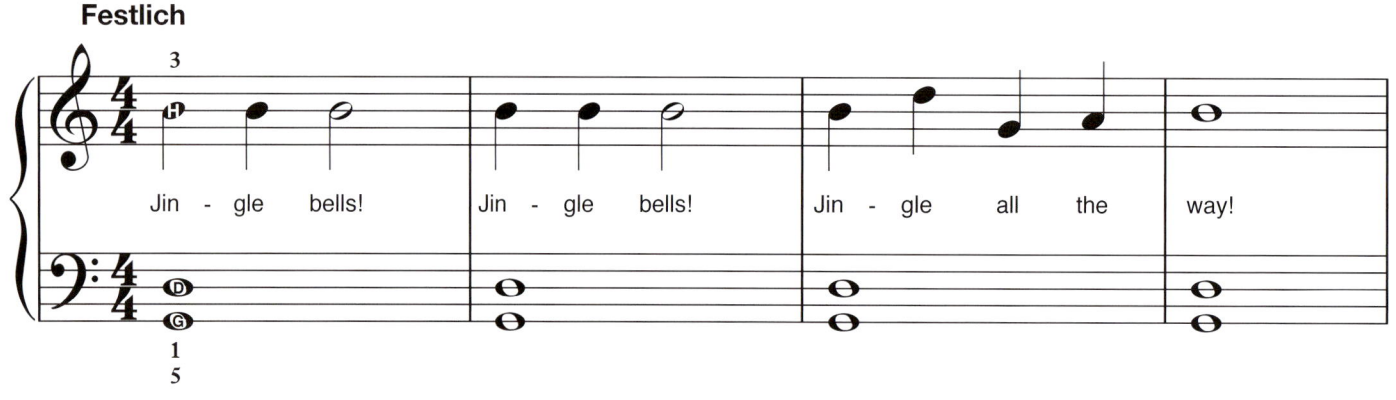

Jin - gle bells! Jin - gle bells! Jin - gle all the way!

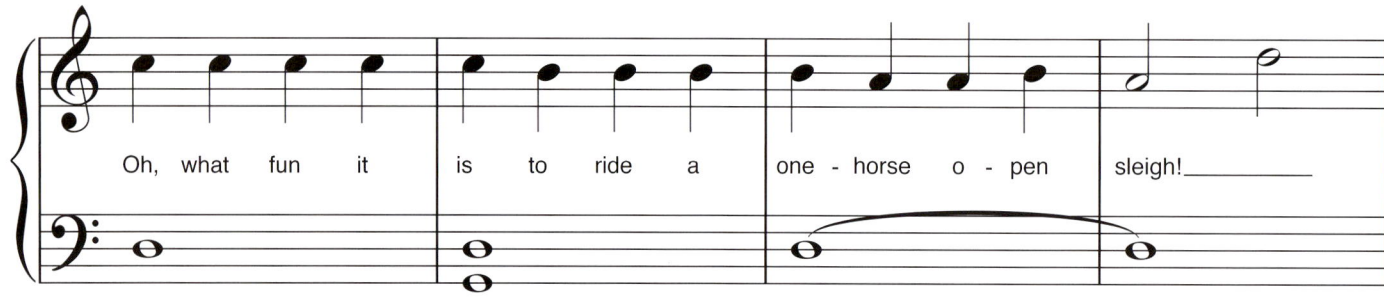

Oh, what fun it is to ride a one - horse o - pen sleigh!

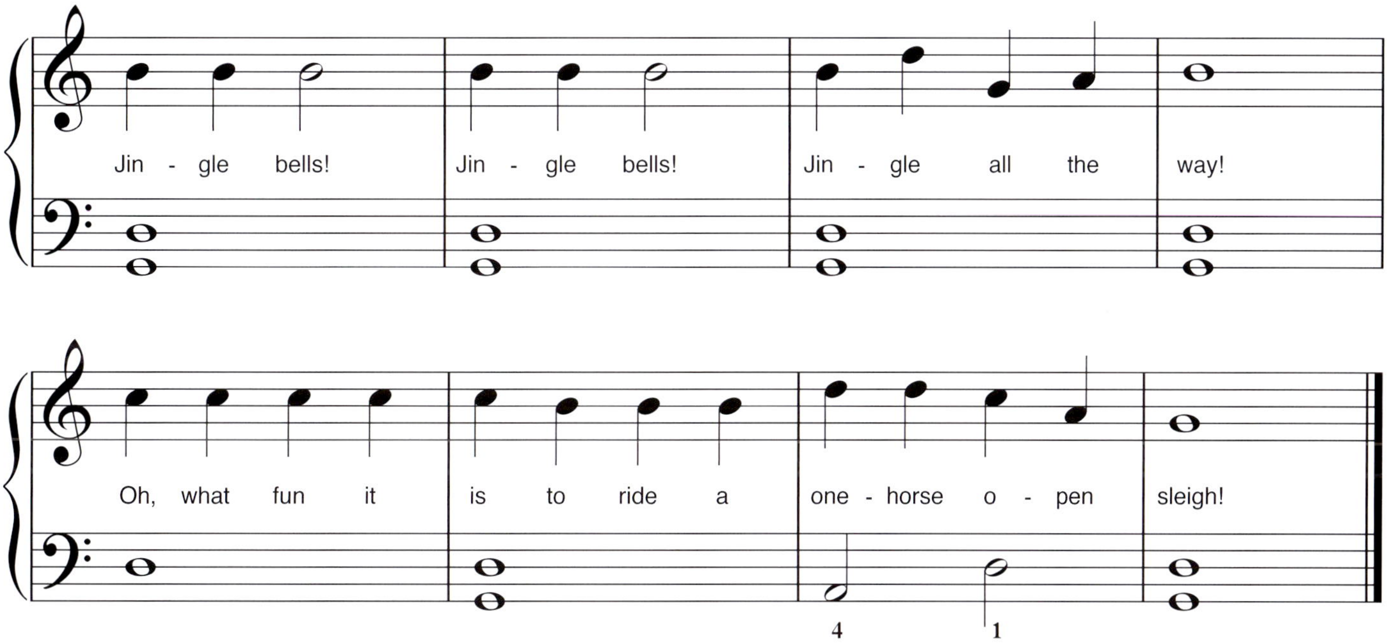

Kannst du *Jingle Bells* auch in der 5-Fingerlage C spielen?
In welcher Lage gefällt es dir besser?

Spiele dieses Stück auch
zur Lehrerbegleitung auf
www.klavier-fuer-kinder.de.

LEHRERBEGLEITUNG FÜR DIE G-LAGE:

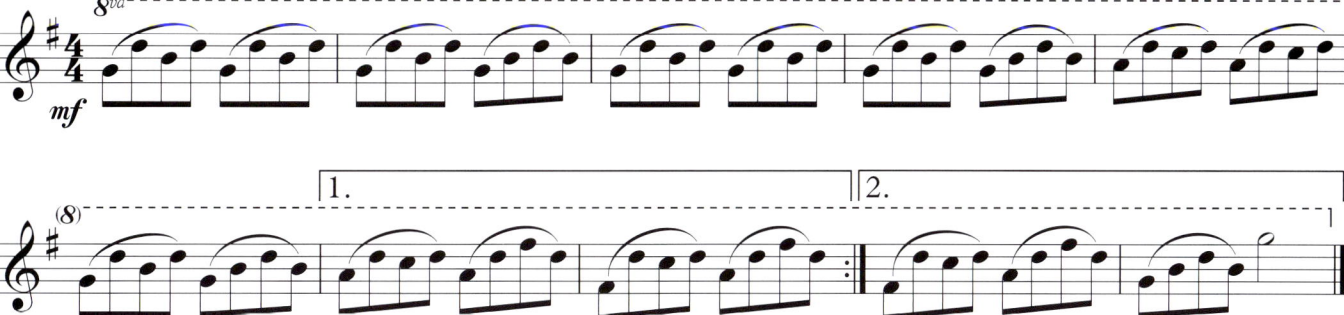

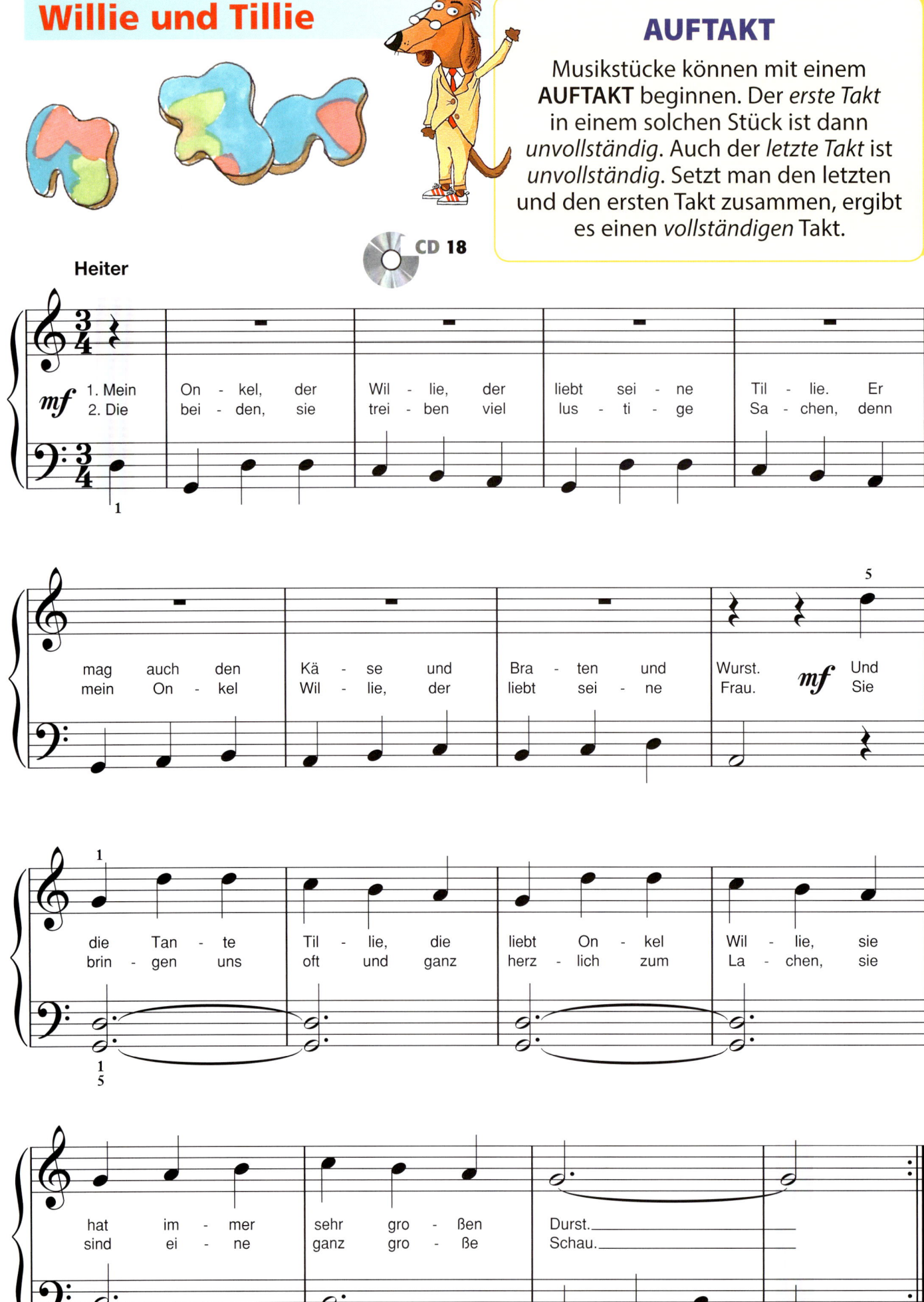

Wir wiederholen Pausen

Pausen sind in der Musik die *Zeichen für Stille*.

Viertelpause: Stille für die Dauer einer Viertelnote.

Halbe Pause: Stille für die Dauer einer halben Note.

Ganze Pause: Stille für die Dauer einer ganzen Note oder eines ganzen Taktes.

 CD 20

Pausenlied Musik und Text: Tom Pold

1. Mach mal Pau - se, bleib schön zu Hau - se.
2. Vor der Sau - se, gönn dir 'ne Brau - se.

Wir schreiben Pausen

Die Lösungen findest du online auf www.klavier-fuer-kinder.de.

1. Schreibe die Namen der Pausen in die Kästchen. Verwende Abkürzungen:
   VP = Viertelpause   HP = halbe Pause   GP = ganze Pause

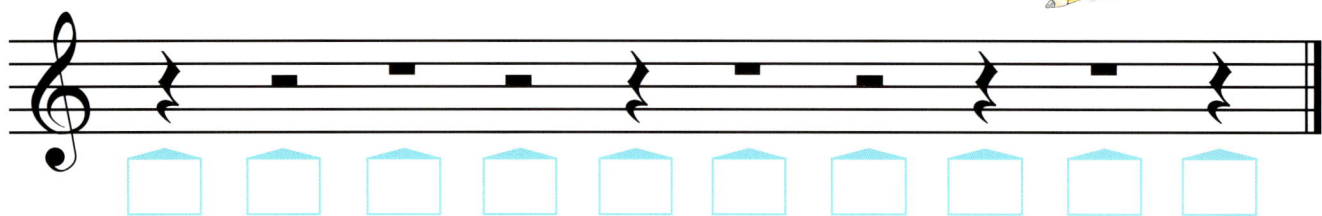

2. Wie viele Schläge haben die Pausen? Schreibe die Anzahl der Schläge in die Kästchen.
   1 = Viertelpause   2 = halbe Pause   4 = ganze Pause

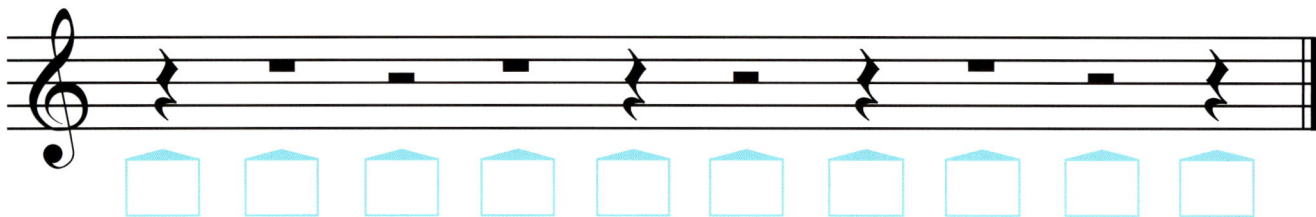

Die Achtelnote

Zwei Achtelnoten sind genau so lang wie eine Viertelnote. Wenn ein Stück Achtelnoten enthält, zählst du: *Eins – und, zwei – und* usw.

Achtelnoten werden häufig in *Zweiergruppen* gespielt und dafür mit einem **Balken** verbunden:

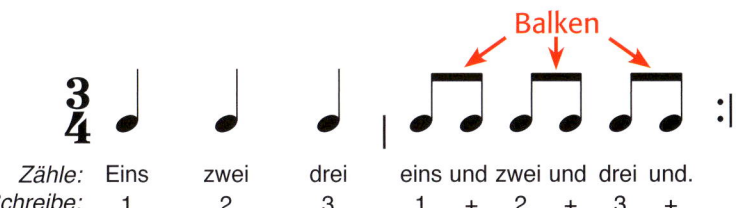

Zähle:	Eins	zwei	drei	eins und zwei und drei und.
Schreibe:	1	2	3	1 + 2 + 3 +

Bodypercussion

Klatsche die Notenzeile oben und zähle dabei laut mit.
Doch **Bodypercussion** ist noch viel mehr.

Du kannst die Zeile auch *stampfen*,
mit den Händen auf die *Oberschenkel patschen*,
schnipsen oder mit der *Zunge schnalzen* …

Und jetzt suchst du dir zwei verschiedene Bodypercussion-Sounds:
einen für die **Viertelnoten** und
einen anderen für die **Achtelnoten**.

Los geht's! Viel Spaß beim Experimentieren mit Bodypercussion.

Auf, ihr Kinder

Musik und Text: 1. Strophe: überliefert
2. / 3. Strophe: Michaela Paller

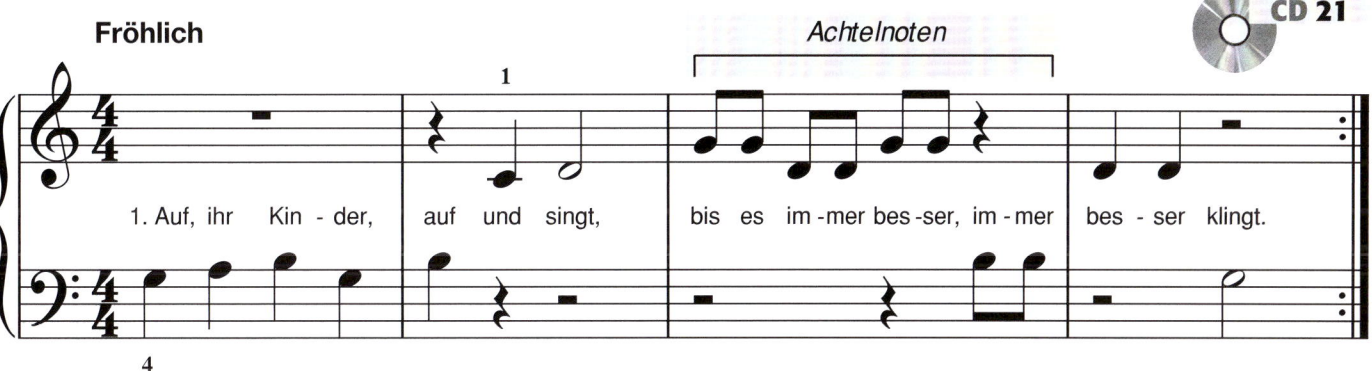

2. Auf, ihr Kinder, auf und lacht,
   wenn ihr immer lustig, immer Witze macht.

3. Auf, ihr Kinder, auf und spielt,
   wenn ihr immer weiter auf die Tasten zielt.

Wenn du *Auf, ihr Kinder* schon gut spielen kannst, macht es Spaß, das Lied auch einmal als **KANON** zu musizieren und zu singen. Wenn ihr zu zweit seid, beginnt der zweite Spieler mit dem Lied, wenn der erste Spieler **Takt 2** beendet hat. Am besten hörst du dir das auf der CD an.

Wir schreiben Achtelnoten

EINE VIERTELNOTE = ZWEI ACHTELNOTEN

1. Verwandle diese Viertelnoten in Achtelnoten, indem du sie mit einem **Balken** zu Zweiergruppen verbindest.

2. Spiele dieses „Achteltraining" und zähle dabei laut: **Eins und zwei und drei und vier und**

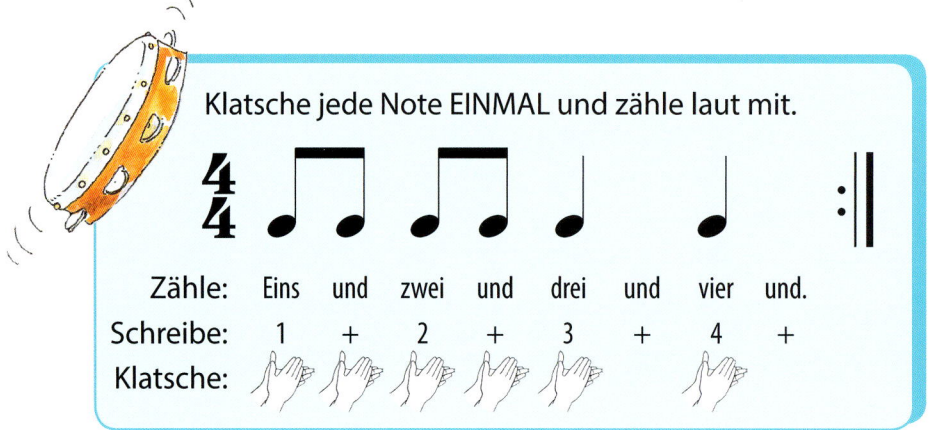

Die Lösungen findest du online auf **www.klavier-fuer-kinder.de**.

3. Spiele dieses Übungsstück und zähle dabei laut: **Eins und zwei und drei und.**
   In der zweiten Textzeile fehlt etwas. Schreibe sie selbst zu Ende.

Der Kuckuck und der Esel

Musik: Carl Friedrich Zelter (1758–1832); Text: Hoffmann von Fallersleben (1798–1874)

Scherzhaft

1. Der Ku - ckuck und der E - sel, die hat - ten ei - nen Streit, wer

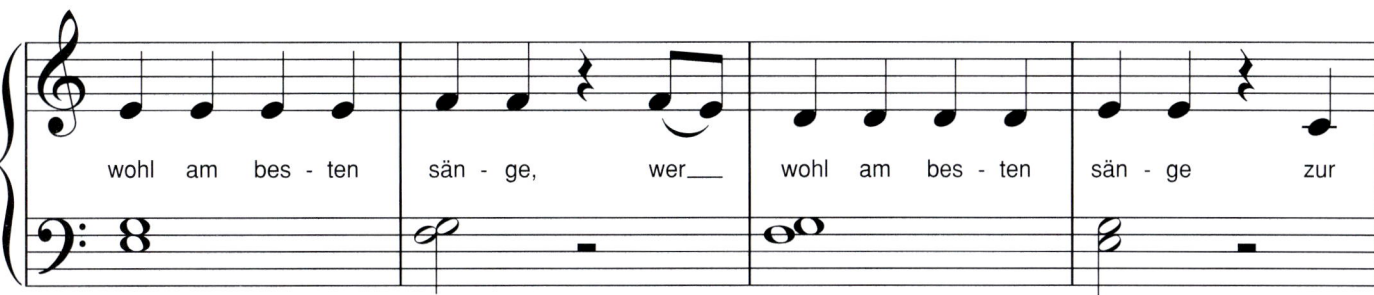

wohl am bes - ten sän - ge, wer wohl am bes - ten sän - ge zur

schö - nen Mai - en - zeit, zur schö - nen Mai - en - zeit.

2. Der Kuckuck sprach: „Das kann ich!"
   und hub gleich an zu schrein.
   „Ich aber kann es besser!" (2x)
   fiel gleich der Esel ein. (2x)

3. Das klang so schön und lieblich,
   so schön von fern und nah;
   sie sangen alle beide: (2x)
   „Kuckuck! Kuckuck! I - a!" (2x)

Noch mehr Bodypercussion:

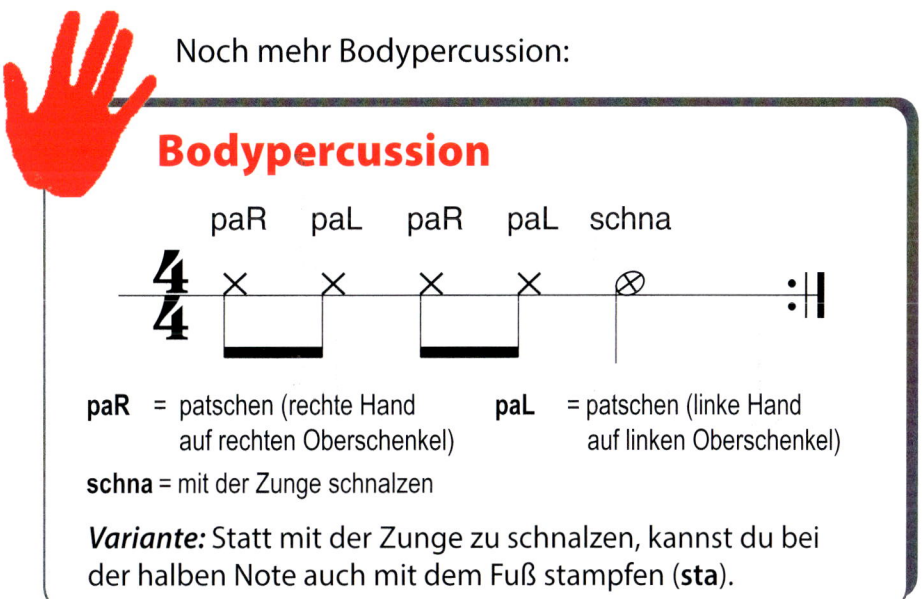

Bodypercussion

paR paL paR paL schna

paR = patschen (rechte Hand auf rechten Oberschenkel)
paL = patschen (linke Hand auf linken Oberschenkel)
schna = mit der Zunge schnalzen

Variante: Statt mit der Zunge zu schnalzen, kannst du bei der halben Note auch mit dem Fuß stampfen (**sta**).

Das Kreuzvorzeichen (♯)

Das **KREUZVORZEICHEN** vor einer Note bedeutet, dass du die nächste Taste **RECHTS** von der Note ohne Vorzeichen spielst, ganz egal, ob dies eine SCHWARZE oder eine WEISSE TASTE ist.

♯ Das ist das KREUZVORZEICHEN.

Wenn du an den Namen der weißen Taste die Buchstaben „**is**" anhängst, weißt du auch, wie die Töne mit Kreuzvorzeichen heißen:

F♯ = Fis, C♯ = Cis, G♯ = Gis usw.

Steht ein Kreuzvorzeichen vor einer Note, so gilt dieses Vorzeichen **einen ganzen Takt** lang. Umkreise alle Noten, die um eine Taste „**erhöht**", also mit einem Kreuzvorzeichen, gespielt werden.

Wie heißen die Töne mit dem Kreuzvorzeichen? _____

Mein Roboter

Nicht zu schnell

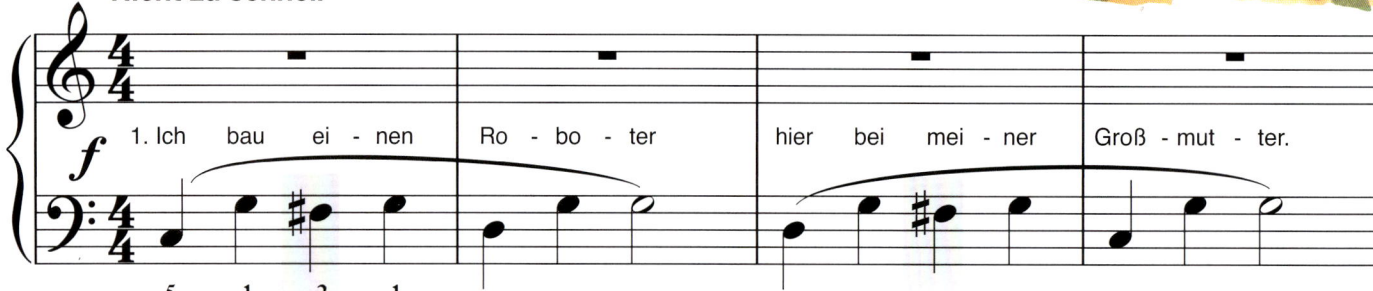

1. Ich bau ei-nen Ro-bo-ter hier bei mei-ner Groß-mut-ter.

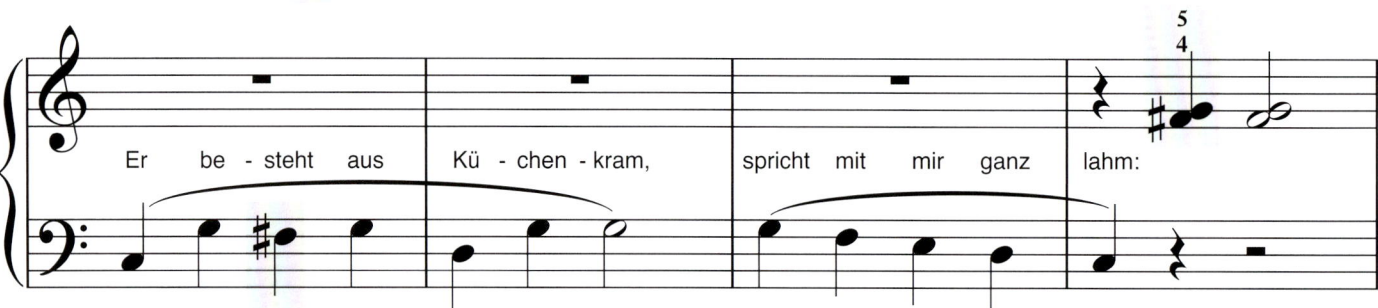

Er be-steht aus Kü-chen-kram, spricht mit mir ganz lahm:

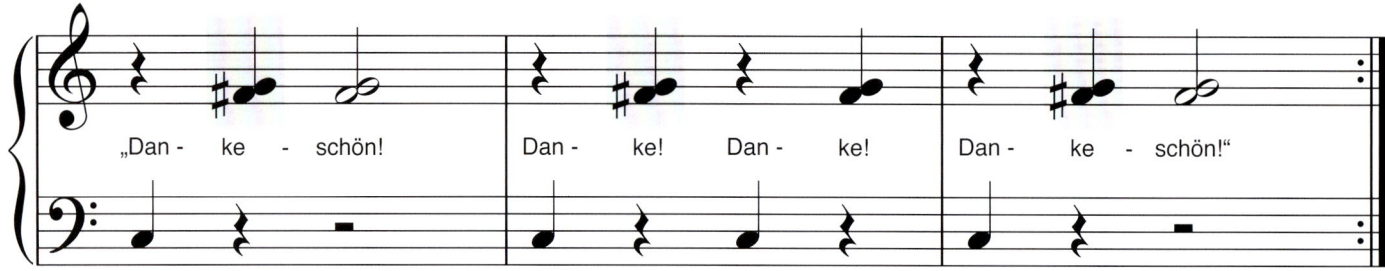

„Dan-ke-schön! Dan-ke! Dan-ke! Dan-ke-schön!"

2. Dann sagt er zu mir noch mehr:
„Hunger, Hunger, bitte sehr!
Gib doch rote Erdbeer'n her,
ich hab Hunger wie ein Bär.
Dankeschön! Danke! Danke! Dankeschön!"

3. Ich erschreck zuerst ganz toll,
weiß nicht, was ich machen soll.
Ihn zu füttern, das ist Stress,
brauch 'nen Beer'n-Express.
„Bitte sehr! Bitte! Bitte! Bitte sehr!"

Wir schreiben Kreuzvorzeichen (♯)

Die Lösungen findest du online auf www.klavier-fuer-kinder.de.

1. Zeichne Kreuzvorzeichen:
Male zuerst zwei senkrechte Linien, dann die schrägen Linien.

Hier kannst du vier Kreuzvorzeichen malen.

2. In den Kästchen ÜBER der Abbildung stehen die Namen der neuen Töne mit Kreuzvorzeichen.
Schreibe in die Kästchen UNTER der Abbildung diese Namen noch einmal ab.

| FIS | CIS | GIS | DIS | AIS |

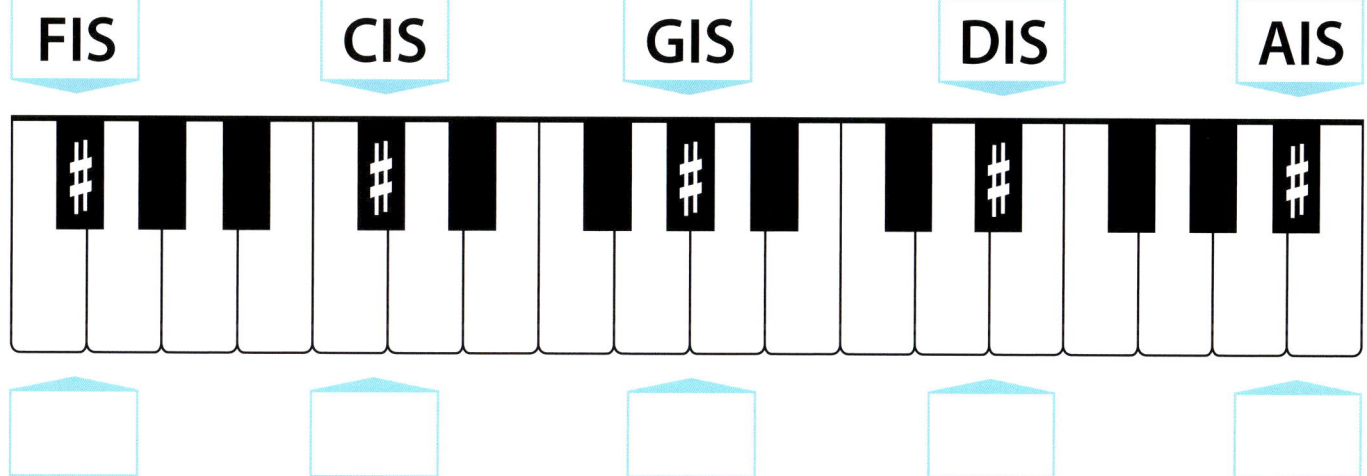

3. Verwandle jede Note in eine Note mit Kreuzvorzeichen.
Achte darauf, dass das Vorzeichen direkt vor der Note steht, und dass das Viereck, das beim Malen entsteht, genau auf der Höhe des Notenkopfes liegt.
Schreibe die Notennamen in die Kästchen unter den Noten.
Suche jede Note auf der Tastatur, spiele jede Note und sprich den Notennamen laut dazu. Zuerst spielst du mit der rechten Hand, anschließend mit der linken Hand. Du darfst ausprobieren, mit welchem Finger du die schwarzen Tasten gut spielen kannst.

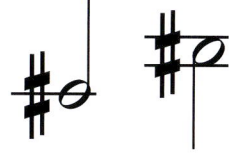

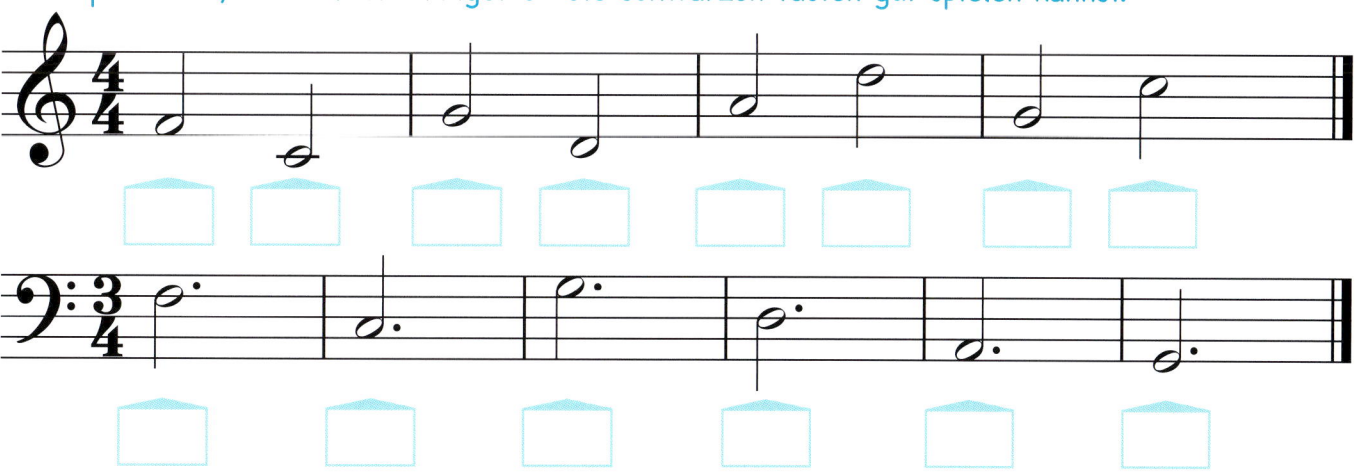

Mein nächstes Konzertstück

Das ist wieder ein tolles Konzertstück, das du verlängern und vorspielen kannst. Du spielst am Klavier und singst dazu; dein Lehrer kann dich begleiten und weitere Mitspieler können mit *Bodypercussion* oder *Trommeln* dazu musizieren wie auf der CD-Aufnahme.

Hey, witchi tai tai (Fly like an Eagle)

Musik: Traditional aus USA; Dt. Text: Tom Pold

CD 24

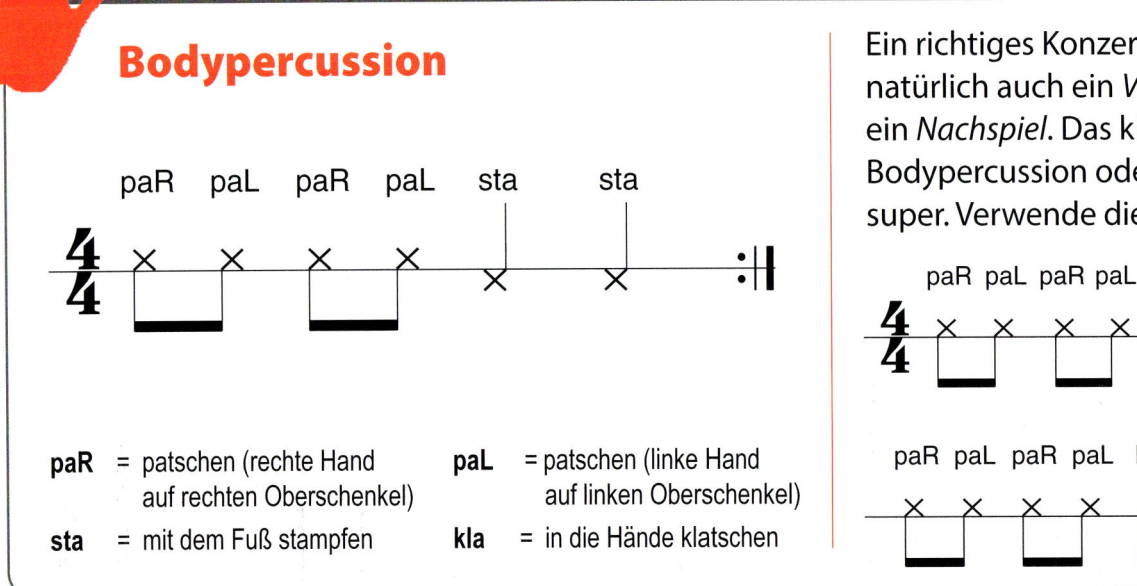

Dieses Indianerlied stammt aus Amerika. Mit Bodypercussion klingt es richtig indianisch:

Bodypercussion

paR = patschen (rechte Hand auf rechten Oberschenkel)
paL = patschen (linke Hand auf linken Oberschenkel)
sta = mit dem Fuß stampfen
kla = in die Hände klatschen

Ein richtiges Konzertstück hat natürlich auch ein *Vorspiel* und ein *Nachspiel*. Das klingt mit Bodypercussion oder Trommeln super. Verwende diese Rhythmen:

LEHRERBEGLEITUNG: Schüler spielt *1 Oktave* höher.

www.klavier-fuer-kinder.de

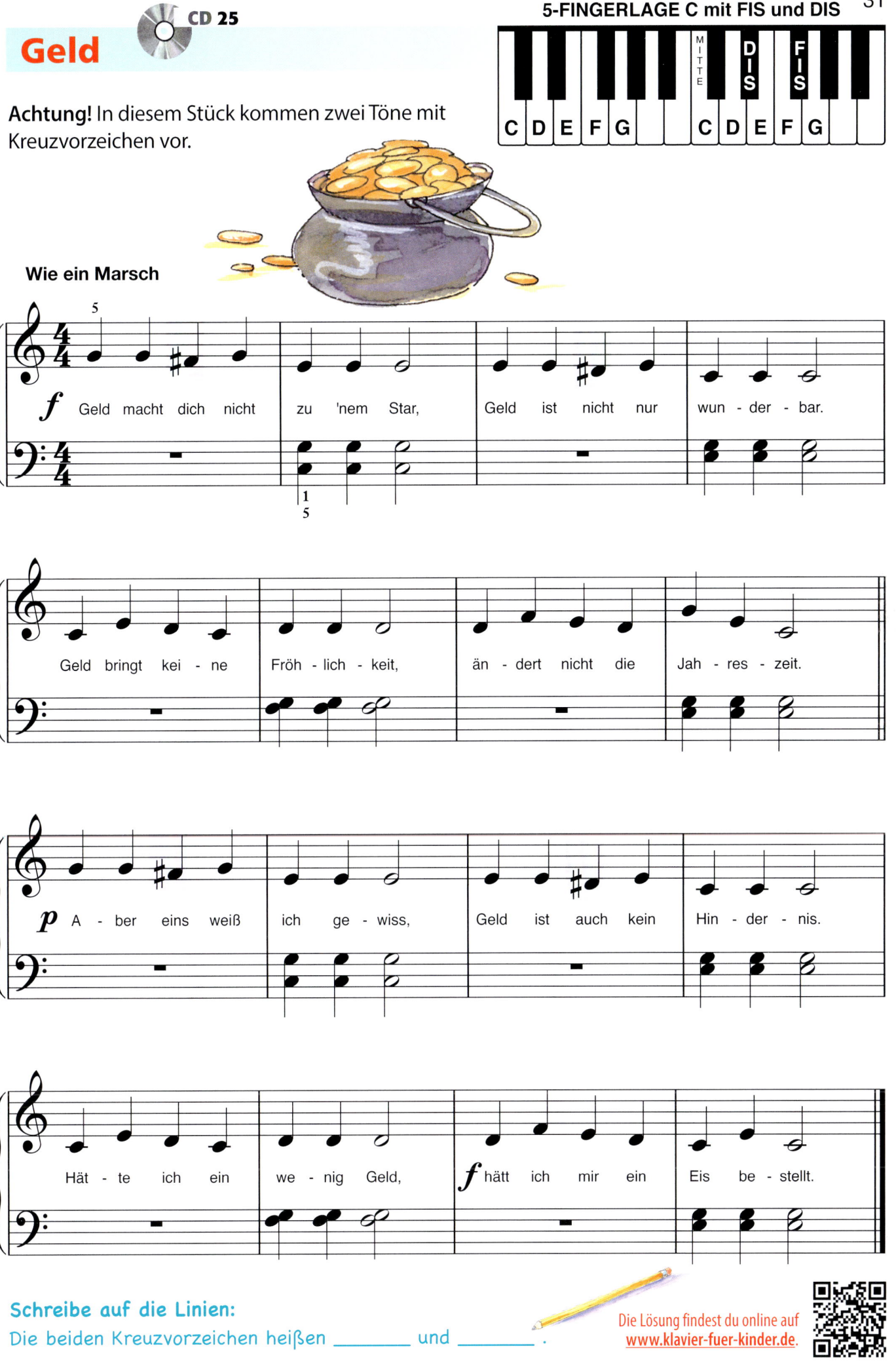

Das B-Vorzeichen (♭)

Das **B-VORZEICHEN** vor einer Note bedeutet, dass du die nächste Taste **LINKS** von der Note ohne Vorzeichen spielst, ganz egal, ob dies eine **SCHWARZE** oder eine **WEISSE TASTE** ist.

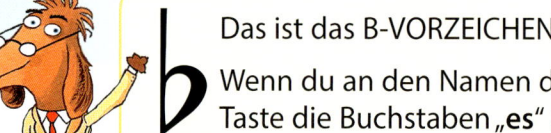

Das ist das B-VORZEICHEN.
Wenn du an den Namen der weißen Taste die Buchstaben „**es**" anhängst, weißt du auch, wie die Töne mit B-Vorzeichen heißen:

C♭ = Ces, D♭ = Des, G♭ = Ges usw.

Ausnahmen: **E♭ = Es, A♭ = As und H♭ = B**

Taste LINKS von der Note ohne Vorzeichen

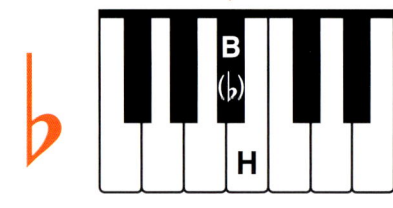

Steht ein B-Vorzeichen vor einer Note, so gilt dieses Vorzeichen einen **ganzen Takt lang**.
Umkreise alle Noten, die um eine Taste „**erniedrigt**", also mit einem B-Vorzeichen, gespielt werden.

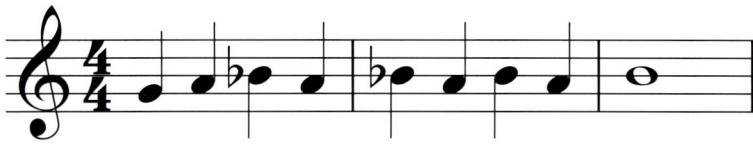

Lösungen online auf
www.klavier-fuer-kinder.de.

Spiele auch:
SPIELBUCH
Spielstück **31**

Wie heißen die Töne mit dem B-Vorzeichen? _____

5-FINGERLAGE C mit B

Der Gute-Laune-Tanz-Rock

Nicht zu schnell

1. Wenn du trau - rig bist, spiel den Gu - te - Lau - ne - Tanz - Rock.
2. Bist du wie - der froh, liegt's am Gu - te - Lau - ne - Tanz - Rock.

Wenn du trau - rig bist, spiel Kla - vier, das macht dich froh.
Sin - gen, tan - zen, hüp - fen, ab - ro - cken, das macht froh.

Wir schreiben B-Vorzeichen (♭)

1. **Zeichne B-Vorzeichen:**
   Male zuerst eine senkrechte Linie, dann den geschwungenen „Bauch", wie beim kleinen Buchstaben „b".

Hier kannst du vier B-Vorzeichen malen.

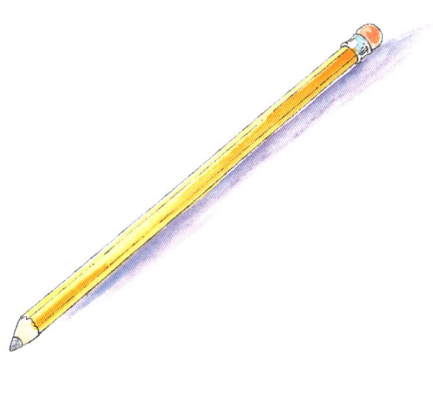

Die Lösungen findest du online auf www.klavier-fuer-kinder.de.

2. Wenn du an den Namen der weißen Taste die Buchstaben „s" oder „es" anhängst, weißt du auch, wie die Töne mit B-Vorzeichen heißen. Der Ton H mit B-Vorzeichen ist eine Ausnahme, er heißt einfach nur „**B**".

   In den Kästchen ÜBER der Abbildung stehen die Namen der neuen Töne mit B-Vorzeichen. Schreibe in die Kästchen UNTER der Abbildung diese Namen noch einmal ab.

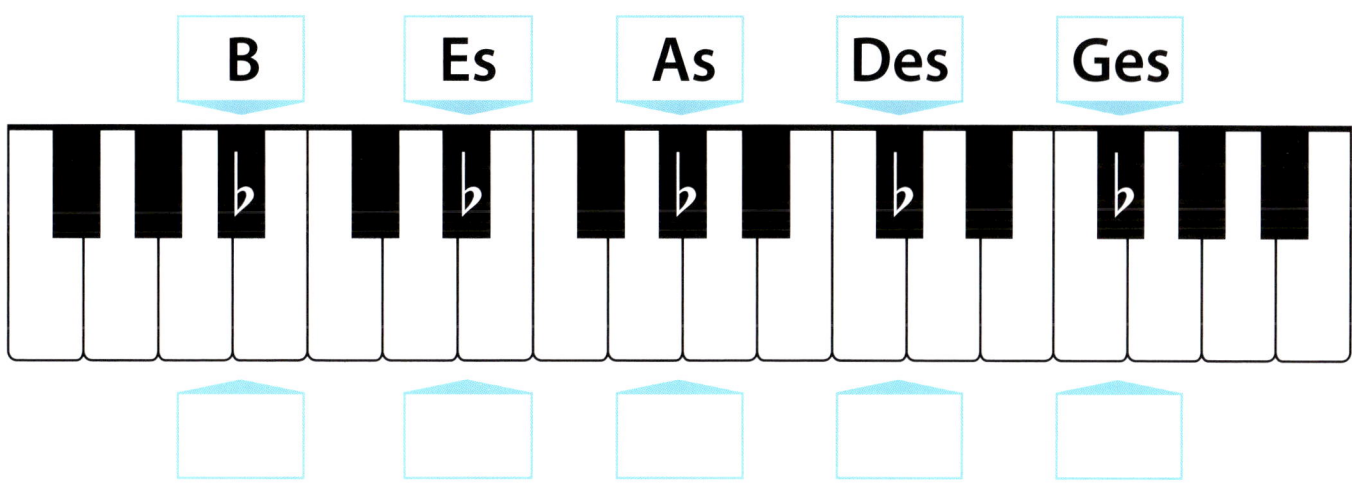

3. Verwandle jede Note in eine Note mit B-Vorzeichen. Achte darauf, dass das Vorzeichen direkt vor der Note steht, und dass der „Bauch", der beim Malen entsteht, genau auf der Höhe des Notenkopfes liegt.

Schreibe die Notennamen in die Kästchen unter den Noten.
Suche jede Note auf der Tastatur, spiele jede Note und sprich den Notennamen laut dazu. Zuerst spielst du mit der rechten Hand, anschließend mit der linken Hand. Du darfst ausprobieren, mit welchen Fingern du die schwarzen Tasten gut spielen kannst.

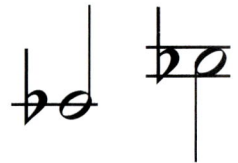

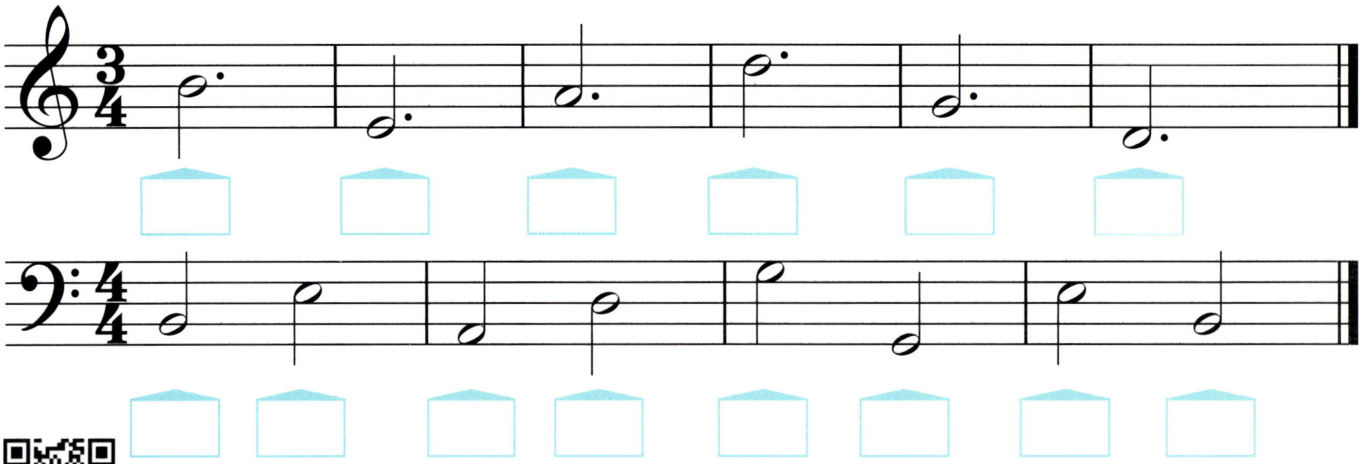

Lösung online auf www.klavier-fuer-kinder.de.

Kookaburra

Musik: Traditional aus Australien
Dt. Text: Tom Pold

CD 27

DAUMENLAGE C mit B

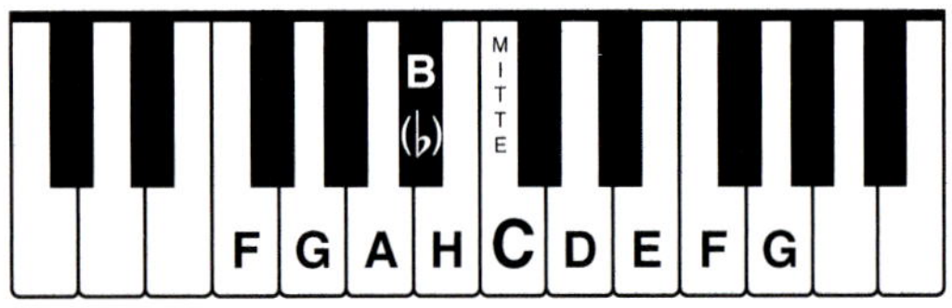

Wenn du das Stück mit beiden Händen *eine Oktave höher* spielst, kannst du gut dazu singen.

Scherzhaft

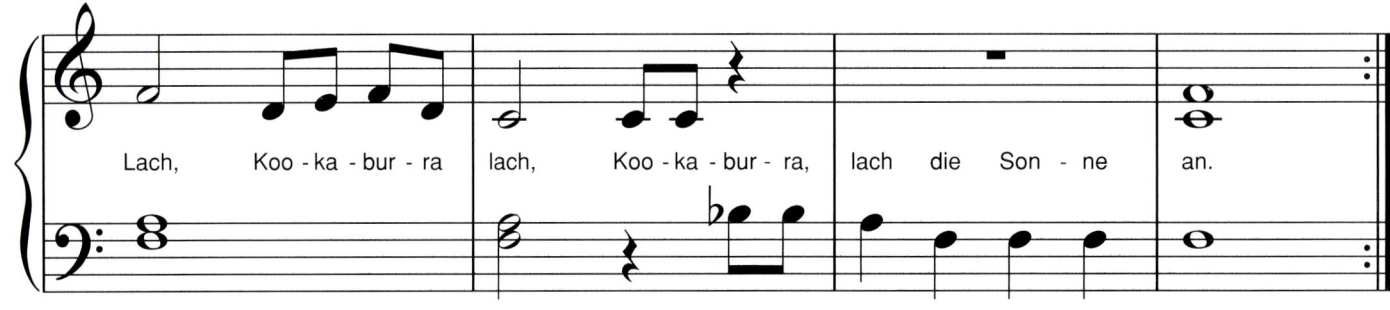

Der Indianer-Groove*

5-FINGERLAGE G mit B

DA CAPO AL FINE (D.C. AL FINE)

Beginne von vorne und spiele bis zum Fine-Zeichen.

CD 28

Gleichmäßig trommelnd

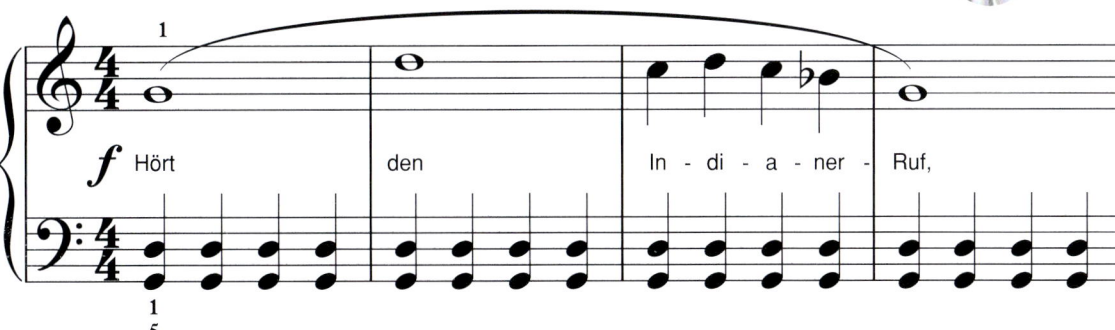

f Hört den In-di-a-ner- Ruf,
p der hat ei-nen coo-len Groove.

Fine

f Kommt Big Chief, der gro-ße Häupt-ling, mit der tie-fen Trom-mel an,

p fan-gen wir gleich an zu tan-zen. Klas-se, wie der trom-meln kann.

D.C. al Fine

* Ein *Groove* ist ein mitreißender Rhythmus, der zur Bewegung anregt.

Die lila Kuh

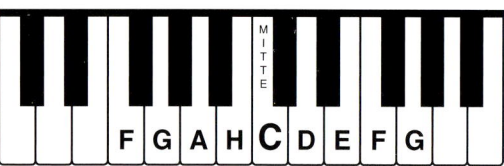

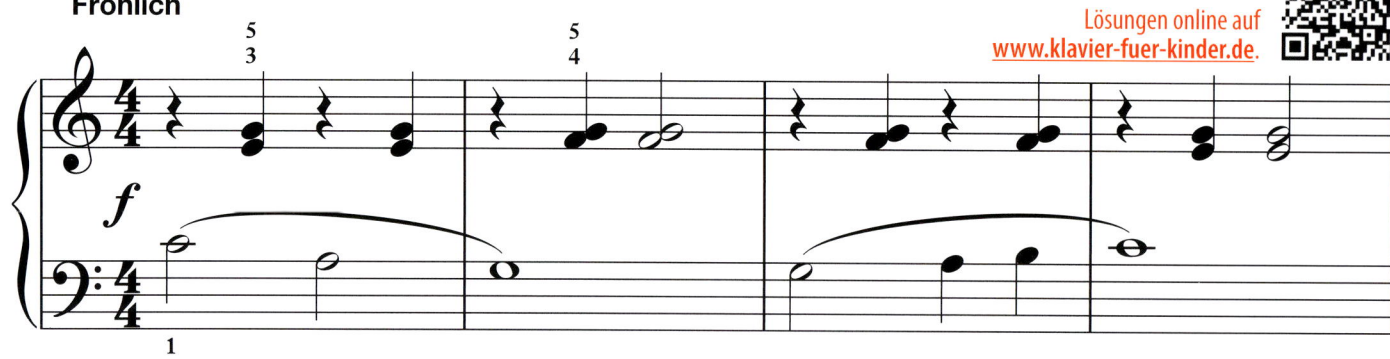

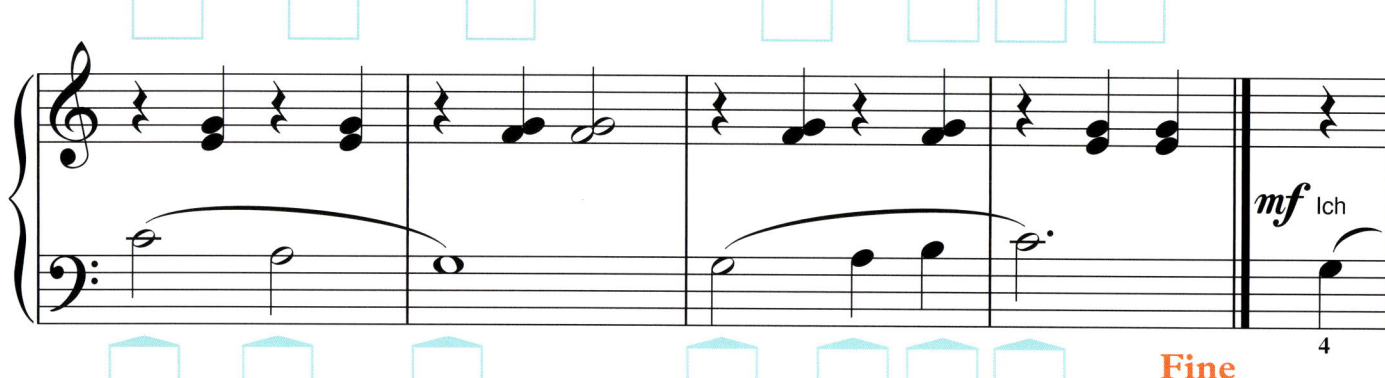

1. Schreibe die Notennamen der linken Hand in die Kästchen.

2. Was heißt **D. C. al Fine**? _____

Staccato ist das Gegenteil von Legato!

STACCATO-NOTEN werden KURZ oder ABGEHACKT gespielt.
Du erkennst sie an einem PUNKT über oder unter der *Note*:

LEGATO-NOTEN werden WEICH miteinander VERBUNDEN.
Du erkennst sie an einem BOGEN über oder unter einer *Notengruppe*:

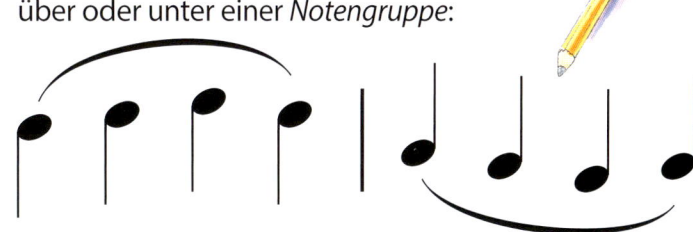

1. Schreibe in die Kästchen: ein S unter jede Staccato-Note, ein L unter jede Legato-Note.

2. Spiele die obere Notenzeile und achte dabei besonders auf die Staccato- und Legato-Zeichen.

3. Manchmal wird ein Legatobogen durch eine Staccato-Note beendet. Dann wird die letzte Note staccato gespielt, während die anderen Töne unter dem Bogen legato gespielt werden. Übe genau:

Indianer-Stimmen

4. Schreibe in die Kästchen: ein L unter jede Legato-Note, ein S unter jede Staccato-Note.

5. Spiele die obere Notenzeile und beachte dabei besonders alle musikalischen Angaben.

Opas Pendeluhr

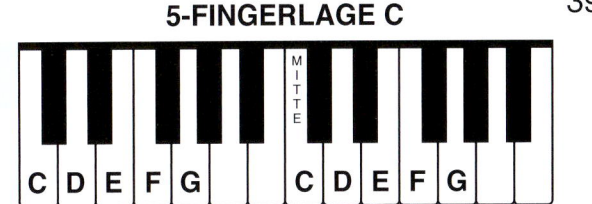

ZUR ERINNERUNG:
Beim AUFTAKT ist der erste Takt in einem Stück unvollständig.
Du beginnst hier auf der Zählzeit 4. Wo sind die anderen drei Schläge? _____

1. Tick, tack, tick, tack, tick, tack, tick, tack. Mein
2. Tick, tack, tick, tack, tick, tack, tick, tack. Die

O-pa hat 'ne Pen-del-uhr, die
Uhr ist braun, aus Holz und alt, ihr

hat 'ne rie-si-ge Sta-tur. Und wenn sie singt, wie
Klang ist warm und gar nicht kalt. Auch ich und du, wir

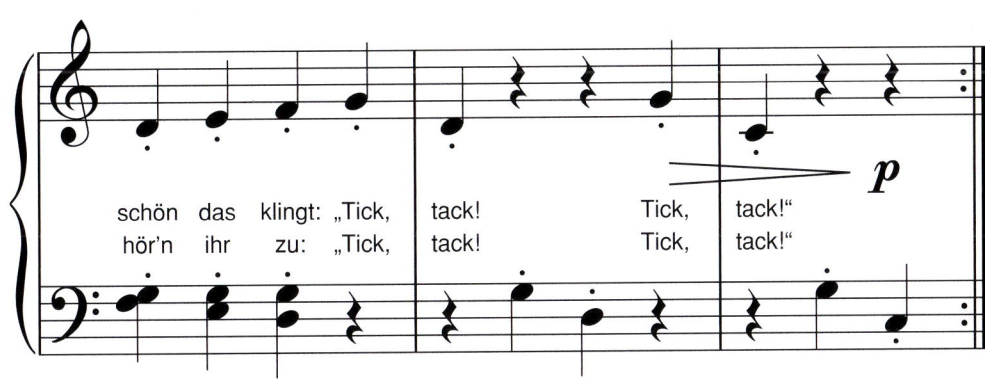

schön das klingt: „Tick, tack! Tick, tack!"
hör'n ihr zu: „Tick, tack! Tick, tack!"

When the Saints ...

Musik: Spiritual aus den USA
Dt. Text: Tom Pold

Dieses Lied stammt ursprünglich aus den USA und ist auch bei uns mit dem englischen Text bekannt und beliebt.

Wie ein Marsch

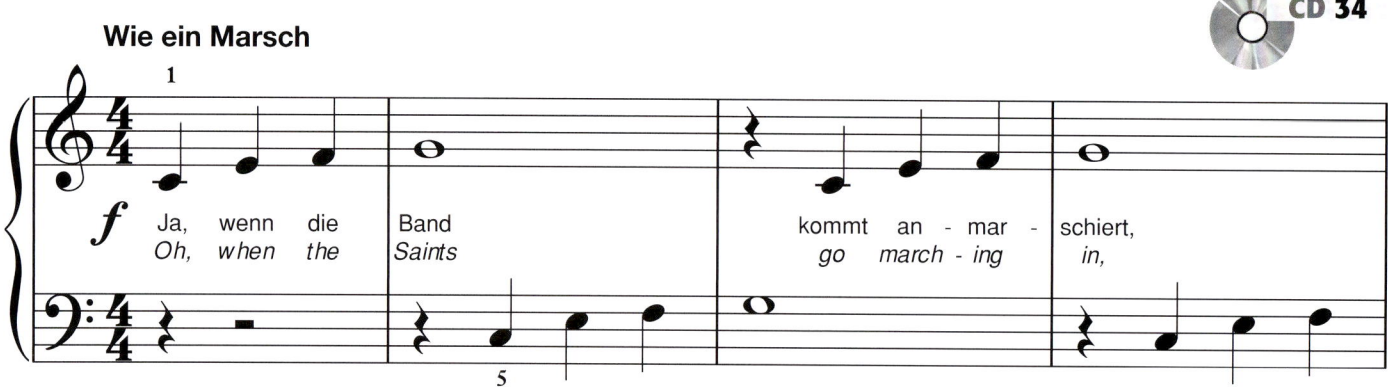

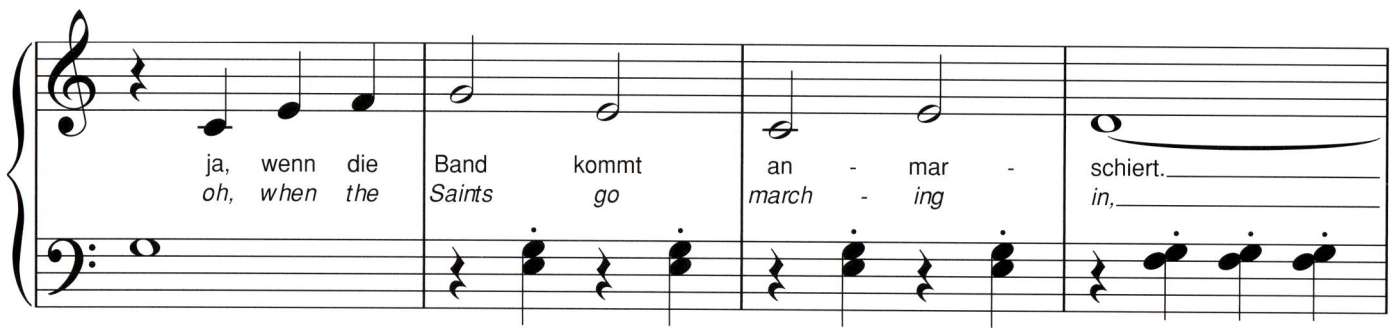

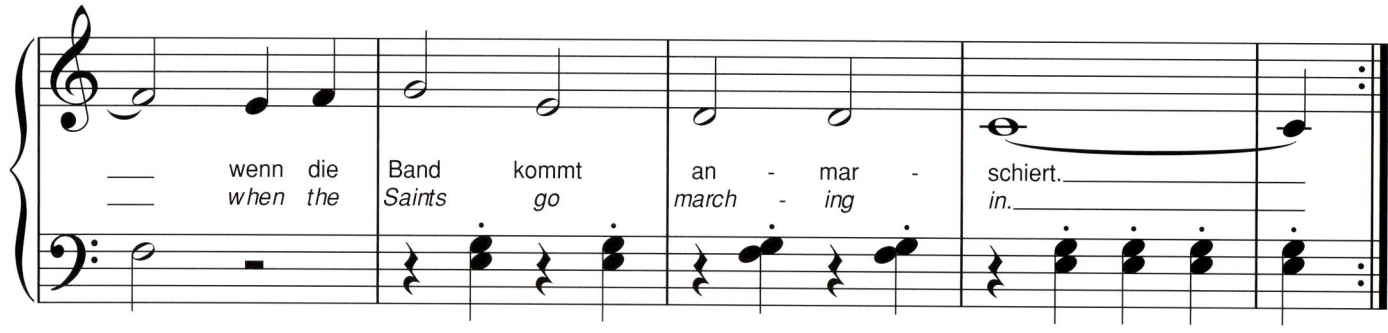

Der Clown

5-FINGERLAGE G mit B und AS

Bewegt

mf Oh - ne Pau - se hüpft der Clown, wit - zig ist er an - zu - schaun.

mf Kun - ter - bunt und gar nicht braun, lus - tig hüpft der Clown.

Fine

f Er ist gar nicht trau - rig, heult auch nie - mals schau - rig.

p Kann das wirk - lich sein, o - der ist das nur zum Schein?

D.C. al Fine

ZUR ERINNERUNG:
Bei *D.C. al Fine (Da Capo al Fine)* spielst du noch einmal von vorne bis zum *Fine*.
Dort endet das Stück.

Etüde in C (vereinfacht)

Musik: Carl Czerny (1791–1857)

Diese **Etüde** ist wieder ein schönes Instrumentalstück ohne Text. Ursprünglich ist eine Etüde ein *Übungsstück*, doch **Carl Czerny** und auch andere Komponisten gaben den Etüden so viel musikalische Vielfalt, dass sie bis heute beliebte Vorspielstücke sind. Czerny war ein sehr gefragter Komponist, er schrieb sehr viele Etüden für Schüler. Bei dieser Etüde heißt es: Dran bleiben und fleißig üben!

Fröhlich

VORSCHLAG: Spiele die *Etüde in C* auch mit beiden Händen *eine Oktave höher*. Höre dir die CD an.

Tempoangaben

TEMPO ist ein italienisches Wort und bedeutet „Geschwindigkeit".
Wörter, die dir angeben, wie schnell oder langsam du spielen sollst, nennt man TEMPOANGABEN. Hier lernst du einige der wichtigsten Tempoangaben kennen:

ALLEGRO = rasch, heiter, fröhlich
MODERATO = in gemäßigtem Tempo
ANDANTE = gehend, schreitend
ADAGIO = langsam, ruhig

Das Wort *moderato* wird manchmal auch in Kombination mit einer der anderen Tempoangaben verwendet.
Beispiel: Allegro moderato = gemäßigt rasch
(= etwas ruhiger als Allegro)

Walzerzeit

CD 38

Spiele auch: SPIELBUCH Spielstück 35

Bei diesem Stück wird die Melodie in der LH betont.

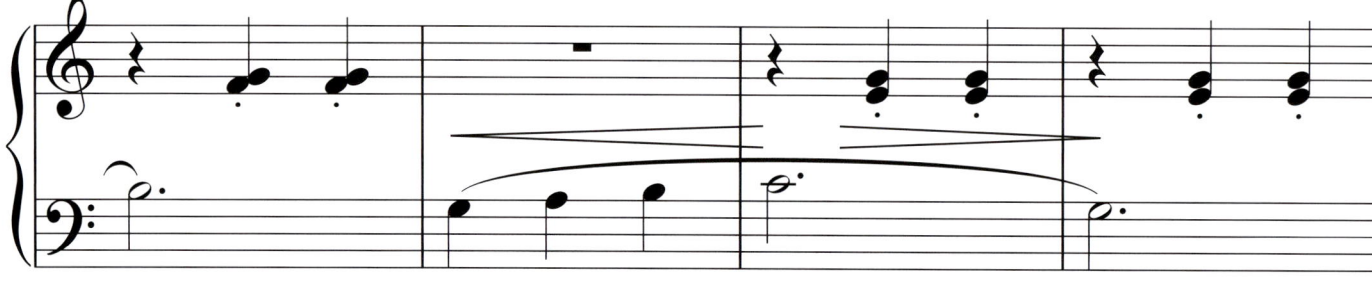

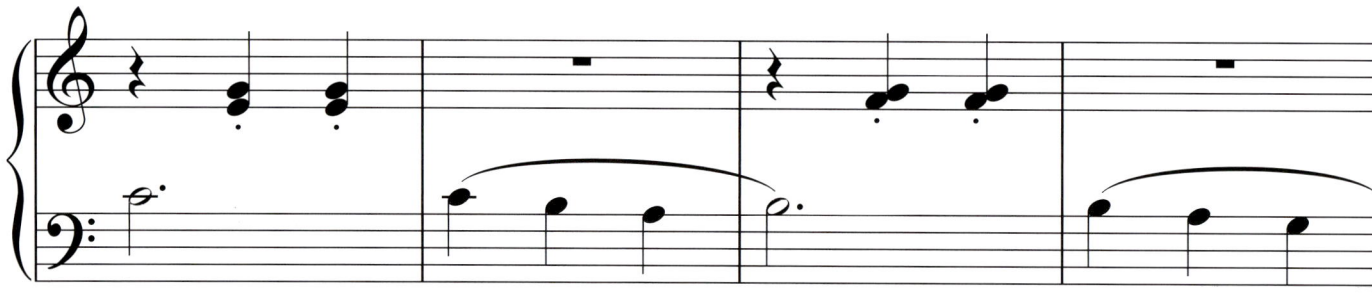

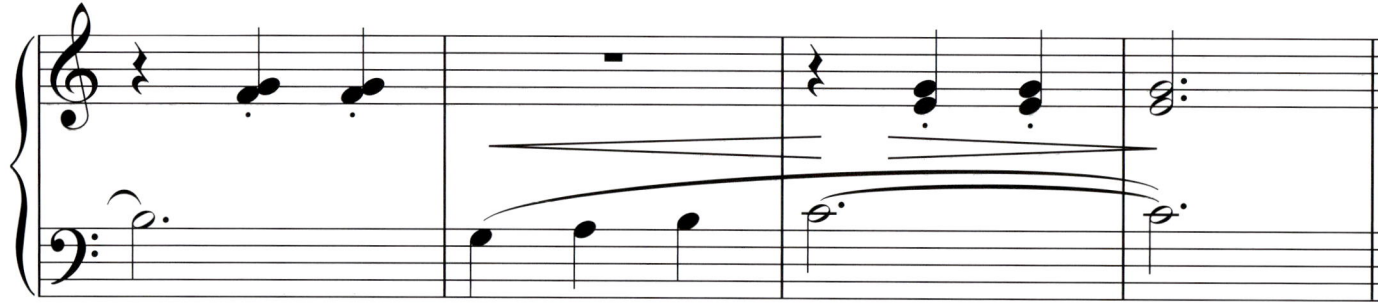

VORSCHLAG: Wiederhole das Stück und spiele dabei beide Hände *eine Oktave höher*. Höre dir die CD an.

Wir schreiben Tempoangaben

ALLEGRO

ANDANTE

ADAGIO

Drei kurze Stücke

DAUMENLAGE C mit B

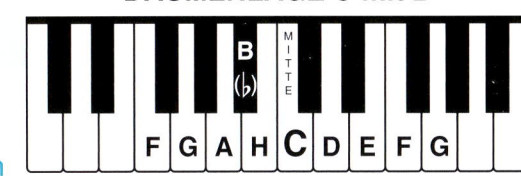

1. Lies die Liedtexte dieser drei kurzen Stücke. Welche Tempoangaben und welche dynamischen Angaben passen zu welchem Stück? Ergänze auf den Linien und in den Kästchen.
2. Jetzt ergänzt du die fehlenden Taktstriche ...
3. ... und am Ende jeweils ein Wiederholungszeichen.
4. Wie klingt das am Klavier? Auf geht's zum Spielen!

Die Lösungen findest du online auf
www.klavier-fuer-kinder.de.

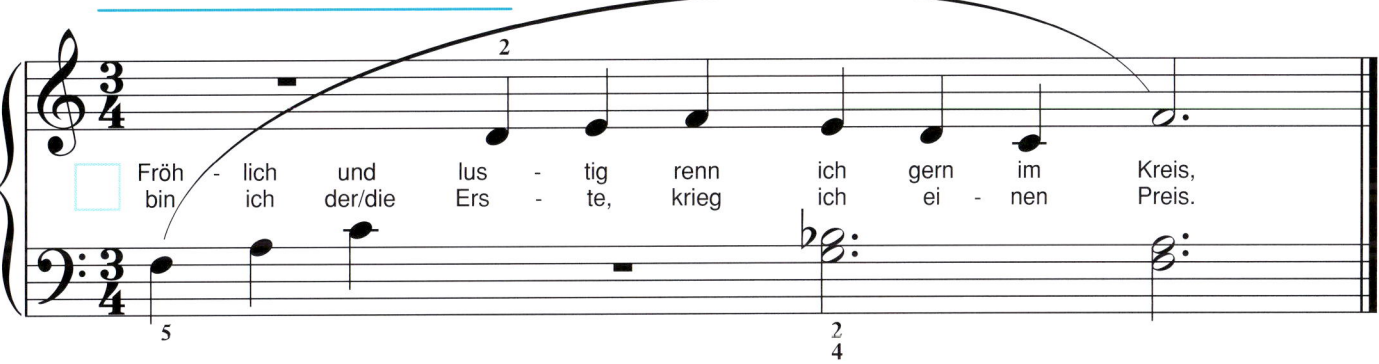

Fröh - lich und lus - tig renn ich gern im Kreis,
bin ich der/die Ers - te, krieg ich ei - nen Preis.

Lang - sam zie - hen die Wol - ken da - hin.
Es wird reg - nen und ich mit - ten - drin.

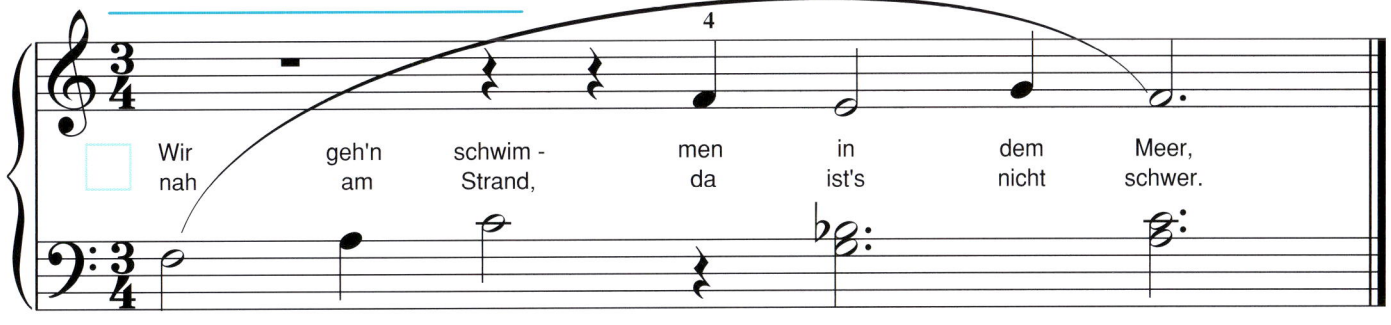

Wir geh'n schwim - men in dem Meer,
nah am Strand, da ist's nicht schwer.

Fermate

Und hier gibt's wieder ein paar Aufgaben:
1. Schreibe unten im Stück die Notennamen in die Kästchen.
2. Spiele und halte die Noten unter den Fermate-Zeichen länger als ihren Wert.
3. Spiele die Noten und singe das Lied dazu.
4. Wie viele Fermate-Zeichen gibt es in diesem Stück?

FERMATE

Eine Note oder Pause unter einer FERMATE ⌢ wird länger ausgehalten. Das Wort stammt von dem italienischen Wort „fermata" und bedeutet „Halt" oder „Aufenthalt".

Die Lösungen findest du online auf www.klavier-fuer-kinder.de.

Spiele auch: **SPIELBUCH** Spielstück 36

CD 40

Eine Fermate

Moderato

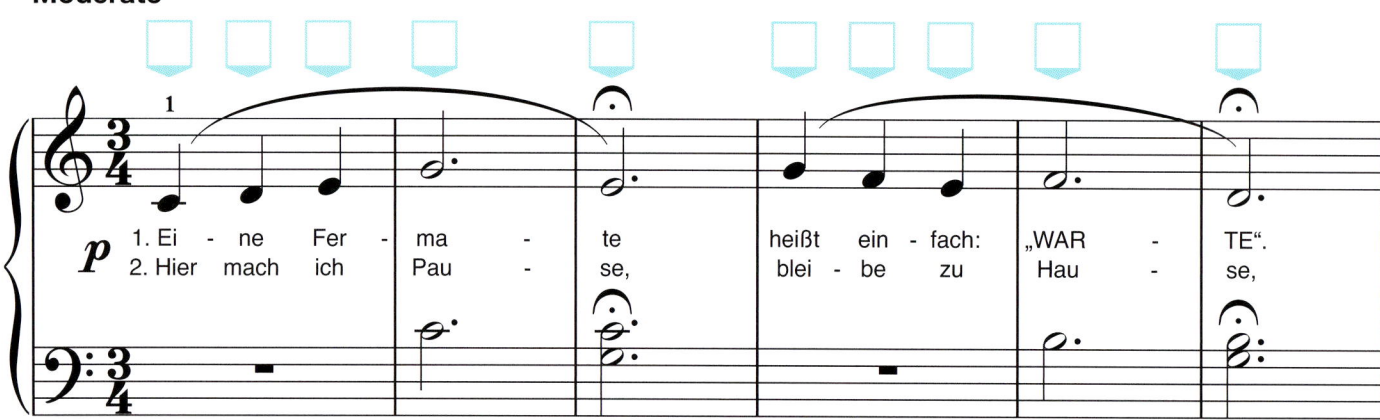

1. Ei - ne Fer - ma - te, heißt ein - fach: „WAR - TE".
2. Hier mach ich Pau - se, blei - be zu Hau - se,

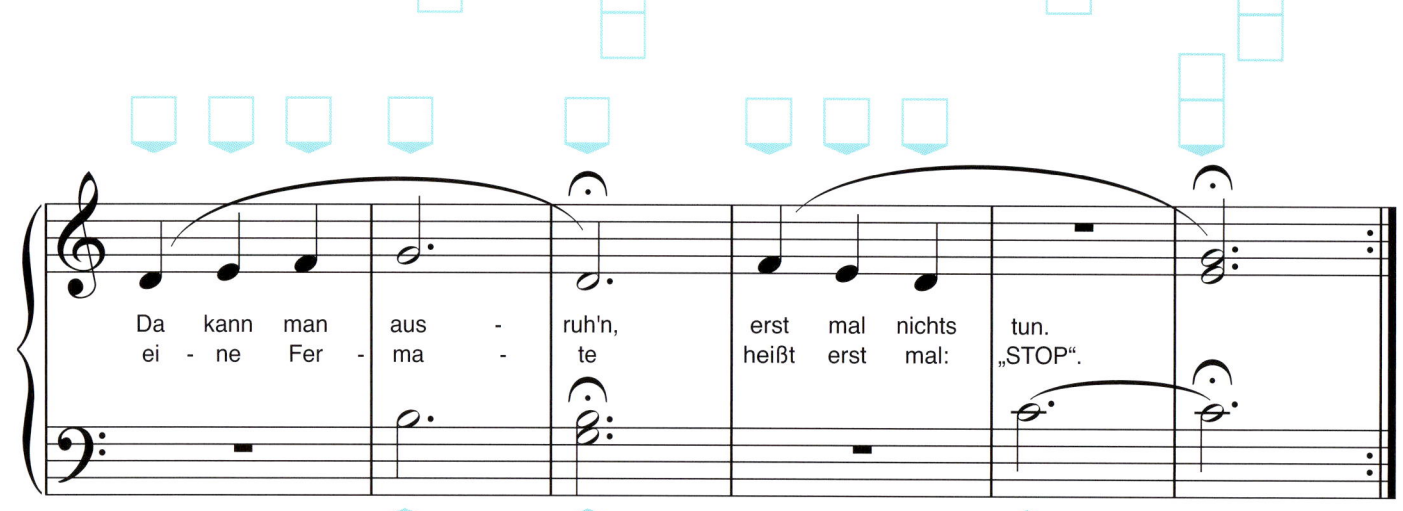

Da kann man aus - ruh'n, erst mal nichts tun.
ei - ne Fer - ma - te heißt erst mal: „STOP".

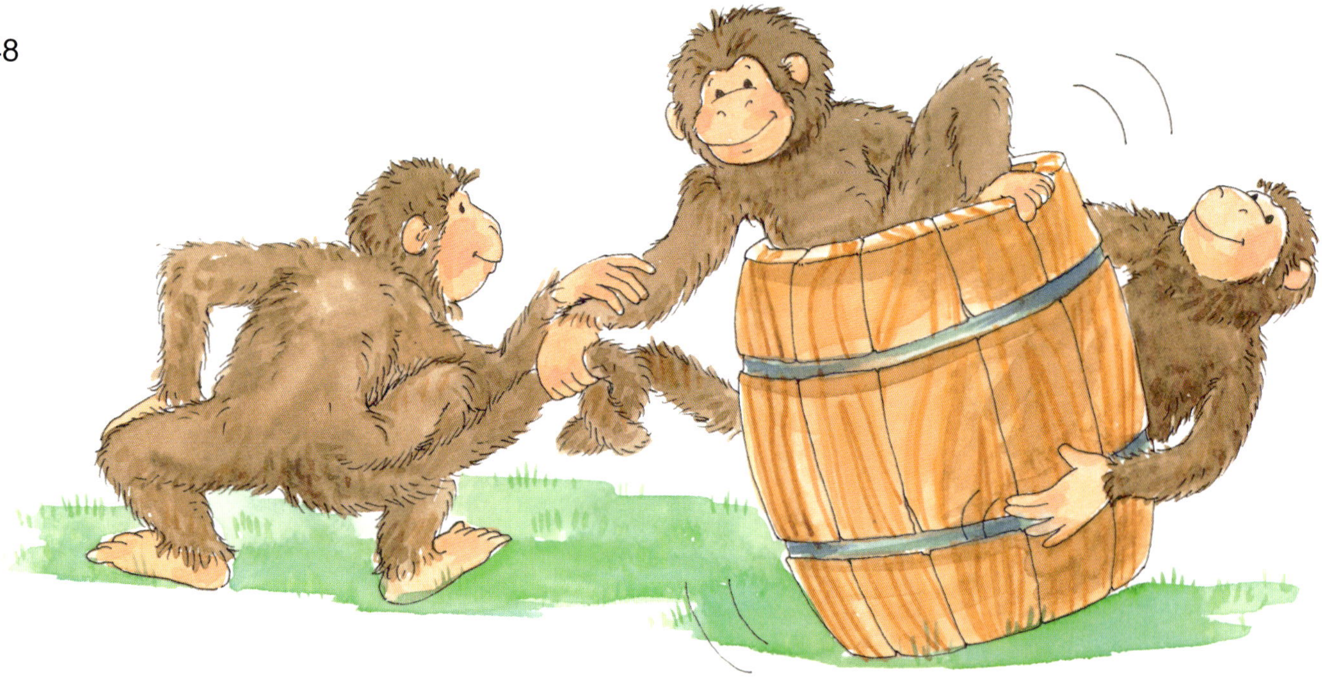

Affen im Weinfass

CD 42

5-FINGERLAGE G mit CIS

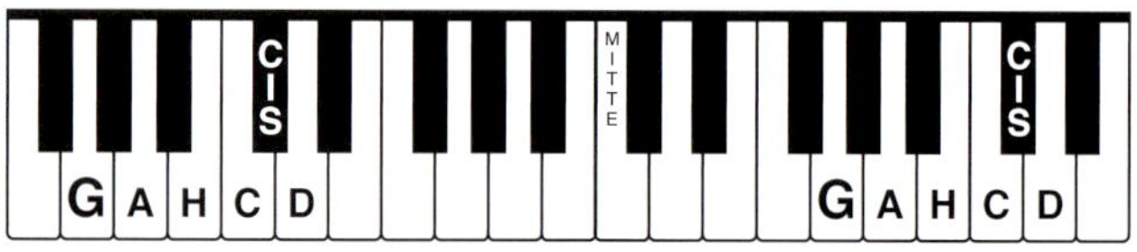

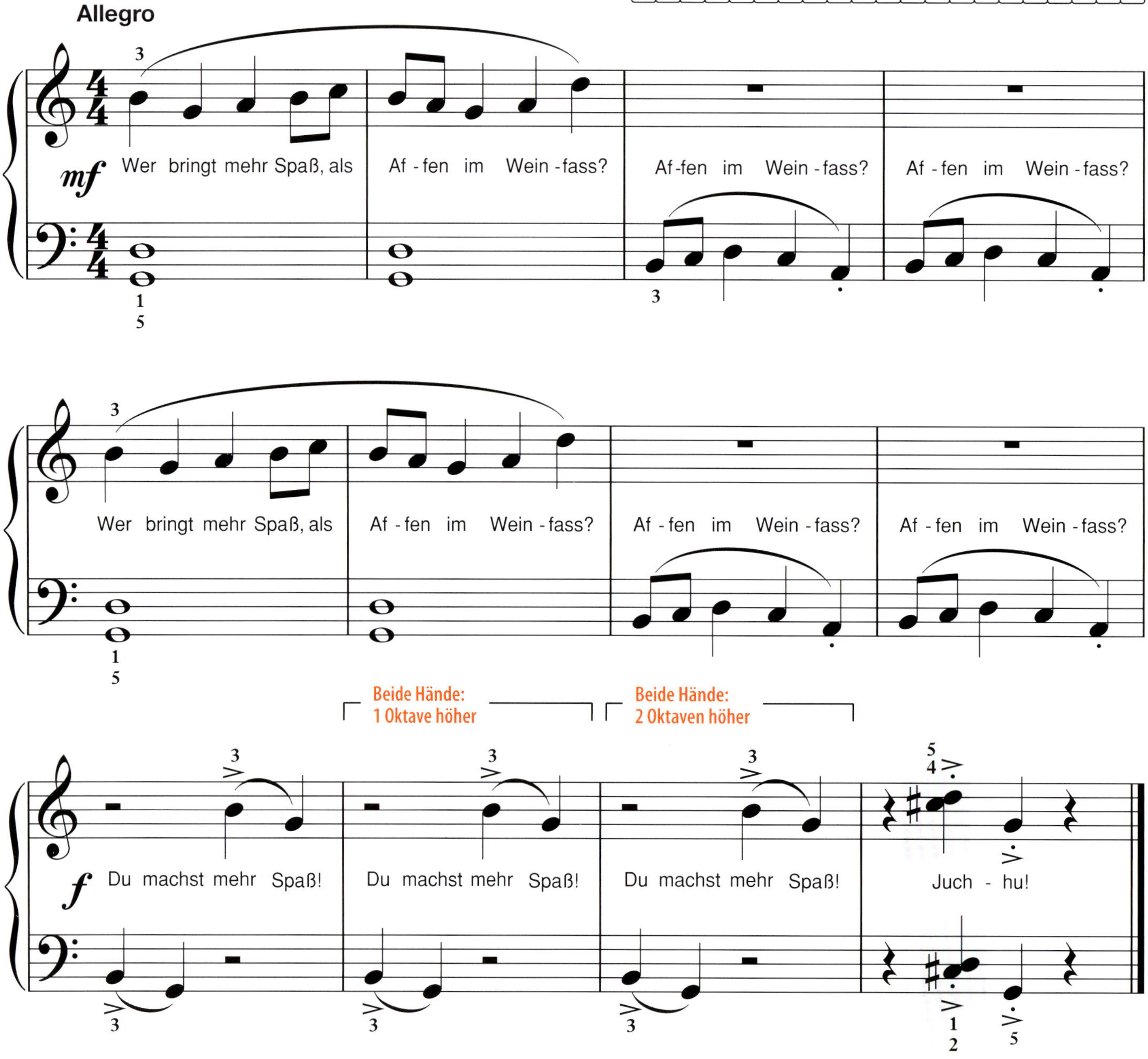

Allegro

mf Wer bringt mehr Spaß, als Af-fen im Wein-fass? Af-fen im Wein-fass? Af-fen im Wein-fass?

Wer bringt mehr Spaß, als Af-fen im Wein-fass? Af-fen im Wein-fass? Af-fen im Wein-fass?

Beide Hände: 1 Oktave höher
Beide Hände: 2 Oktaven höher

f Du machst mehr Spaß! Du machst mehr Spaß! Du machst mehr Spaß! Juch-hu!

Mein nächstes Konzertstück

Für dein nächstes Konzertstück musst du ziemlich intensiv üben, denn beide Hände spielen durchgehend gleichzeitig. Deshalb ist es wichtig, dass du zuerst jede Hand einzeln übst, bis du sie gut spielen kannst. Erst danach übst du beide Hände gleichzeitig.

Als kleine Hilfe fährst du vorher die Fingersätze der linken Hand mit einem **bunten Stift** nach.

Die Vogelhochzeit

Moderato

Musik und Text: überliefert

CD 43

3. Der Sperber, der Sperber,
   der war der Hochzeitswerber.
4. Der Stare, der Stare,
   der flocht der Braut die Haare.
5. Die Gänse und die Anten,
   die war'n die Musikanten.
6. Der Spatz, der kocht das Hochzeitsmahl,
   verzehrt die schönsten Bissen all.
7. Der Uhu, der Uhu,
   der bringt der Braut die Hochzeitsschuh.
8. Der Kuckuck schreit, der Kuckuck schreit,
   er bringt der Braut das Hochzeitskleid.
9. Der Seidenschwanz, der Seidenschwanz,
   der bracht der Braut den Hochzeitskranz.
10. Der Sperling, der Sperling,
    der bringt der Braut den Trauring.

Zu diesem Lied gibt es viele Strophen. Es klingt abwechslungsreich, wenn du jede Strophe in einer anderen Lage spielst, zum Beispiel:

1. Strophe: normal
2. Strophe: RH *eine Oktave höher*
3. Strophe: RH und LH *eine Oktave höher*

Und zu einem richtigen Konzertstück gehört natürlich wieder Bodypercussion, damit deine Zuhörer auch mitmachen können. Viel Spaß!

Bodypercussion

CD 43

Takt 1 – 3: abwechselnd mit der RH und LH in Viertelnoten *schnipsen*

Takt 4: abwechselnd mit dem rechten und linken Fuß dreimal *stampfen*

Takt 5 – 7: abwechselnd mit der RH und LH in Viertelnoten *schnipsen*

Takt 8: abwechselnd mit dem rechten und linken Fuß dreimal *stampfen*

Eine neue Taktart

Klatsche den folgenden 2/4-Rhythmus:

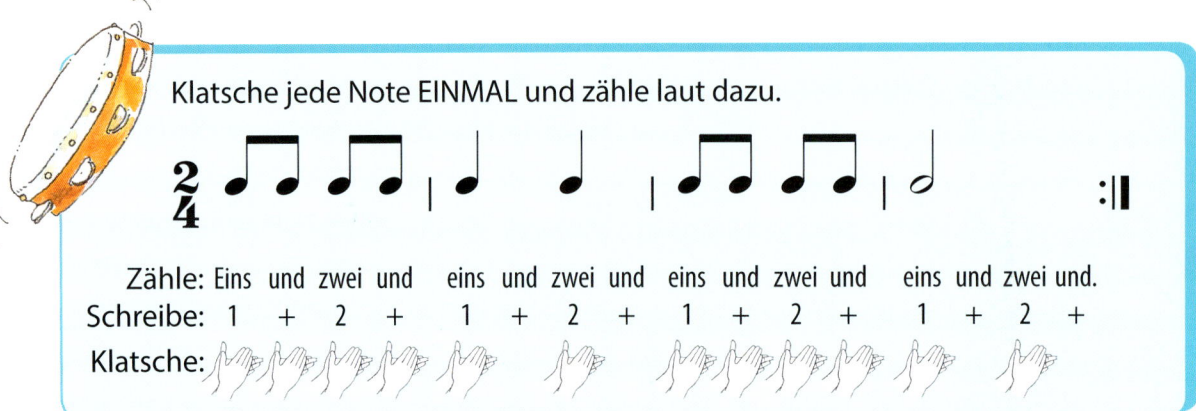

 CD 44  Spiele auch: SPIELBUCH Spielstück 37

Atte katte nuwa *Volkslied aus Lappland*

Allegro moderato

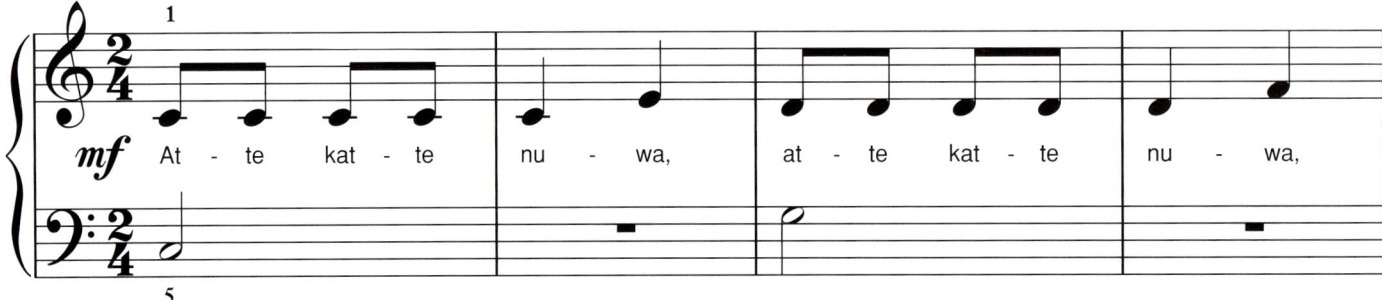

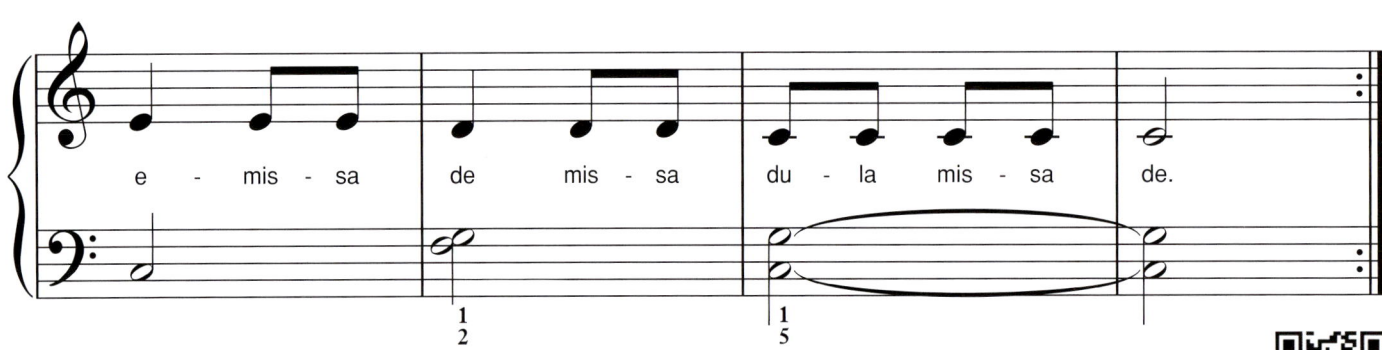

LEHRERBEGLEITUNG: Schüler spielt *1 Oktave* höher.

www.klavier-fuer-kinder.de

Kookaburra

Musik: Traditional aus Australien
Dt. Text: Tom Pold

Dieses Lied vom australischen Vogel Kookaburra kennst du bereits. Allerdings steht es hier im 2/4-Takt und beginnt mit einem anderen Ton. Außerdem fehlen die Taktstriche!

1. Ergänze die Taktstriche.
2. Spiele und zähle dazu.
3. Spiele und singe das Lied.

Lösungen online auf www.klavier-fuer-kinder.de.

Nicht vergessen: Im 2/4-Takt wird ein Takt Pause mit der Ganzen Pause angezeigt.

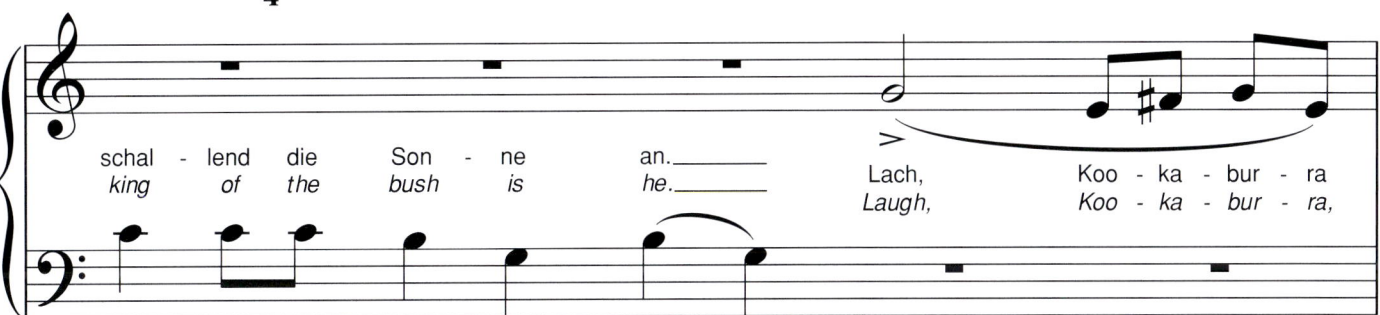

4. In den folgenden 3 Notenzeilen fehlt die Taktangabe. Kannst du sie am Zeilenanfang eintragen?
5. Klatsche den Rhythmus jeder Zeile und sprich die Worte rhythmisch dazu.

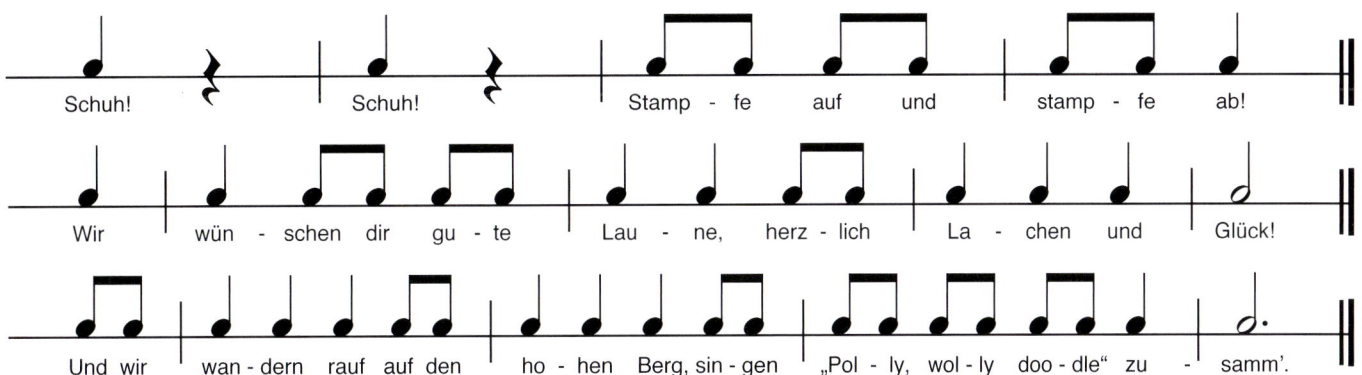

Das Menuett ist ein Tanz, der ursprünglich aus Frankreich kommt. Im 17. und 18. Jahrhundert war es so beliebt, dass Instrumentalgruppen und Solisten Menuette zur Unterhaltung ihrer Zuhörer spielten, etwa so, wie heute bei der Popularmusik. Menuette werden oft paarweise gespielt, das erste mit einer größeren Anzahl an Musikern, das zweite üblicherweise mit drei Instrumentalisten. Das zweite Menuett wurde daher unter dem Namen TRIO bekannt. Dieser Name bleibt erhalten, auch wenn mehr oder weniger Musiker das Trio spielen.

MENUETT und TRIO werden immer abwechselnd gespielt: zuerst das Menuett, dann das Trio und schließlich noch einmal das Menuett.

Menuett und Trio

CD 46

5-FINGERLAGE C

Im klassischen Stil

Menuett

Allegro moderato

Trio

Spiele die RH bei der Wiederholung EINE OKTAVE höher.

D.C. al Fine

(Nachdem du das TRIO *eine Oktave höher* wiederholt hast, spielst du noch einmal das Menuett und endest bei **Fine**.)

Die Windmühle

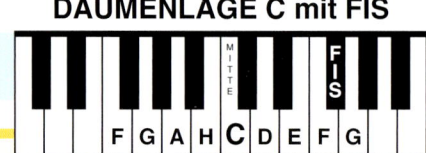

ritardando
allmählich langsamer werden.
Es wird häufig abgekürzt: ***ritard.*** oder ***rit.***

a tempo
Kehre wieder zum Originaltempo zurück.

Andante

mf Müh - le dreh dich, Müh - le dreh dich, im - mer mit dem Wind.

Müh - le mah - le, Müh - le mah - le uns das gu - te Mehl ge - schwind.

ri - - - tar - - - dan - - - - do

p Wind, blas ü - ber's Lan - de, nur auf - hör'n wär 'ne Schan - de.

a tempo

mf Bla - se wei - ter, lie - ber Wind, dann dreht das Müh - len - rad ge - schwind.

VORSCHLAG: Ein tolles Konzertstück wird aus *Die Windmühle*, wenn du das Lied wiederholst und dabei beide Hände *eine Oktave höher* spielst. Höre dir das auf der CD an.

Indianer

Moderato

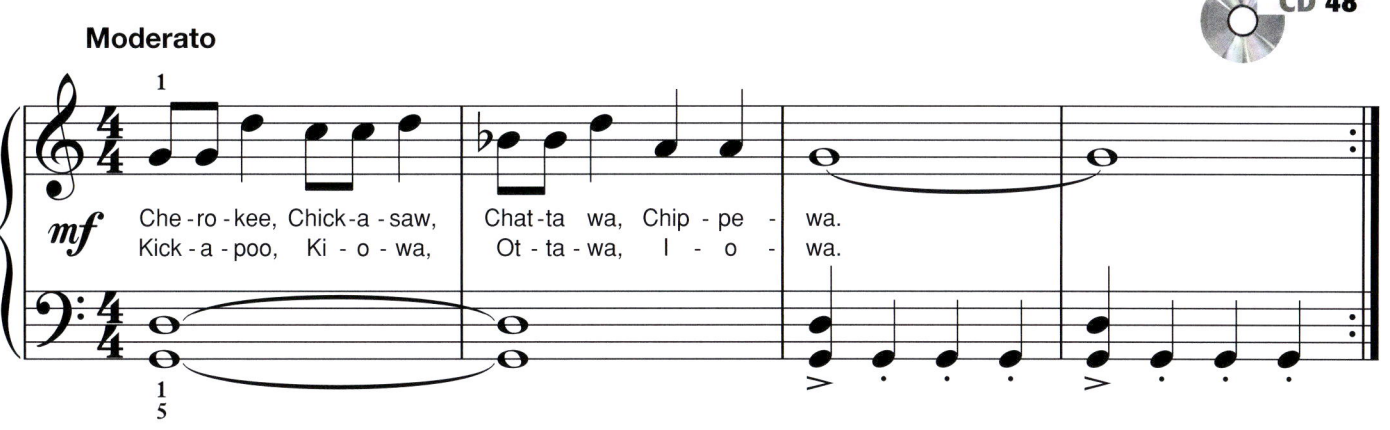

Che-ro-kee, Chick-a-saw, Chat-ta-wa, Chip-pe-wa.
Kick-a-poo, Ki-o-wa, Ot-ta-wa, I-o-wa.

Die In-di-a-ner wa-ren in A-me-ri-ka einst zu Haus.
Chris-toph Co-lum-bus se-gel-te und stieg aus dem Schiff dort aus.

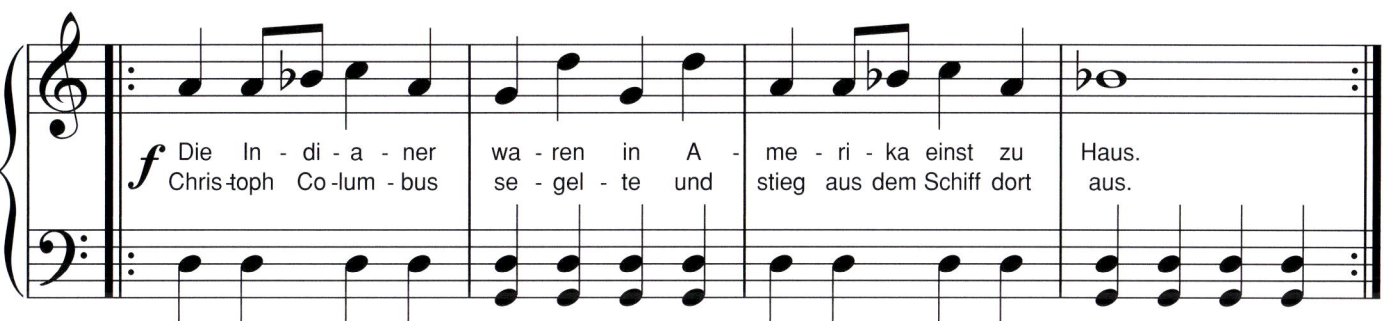

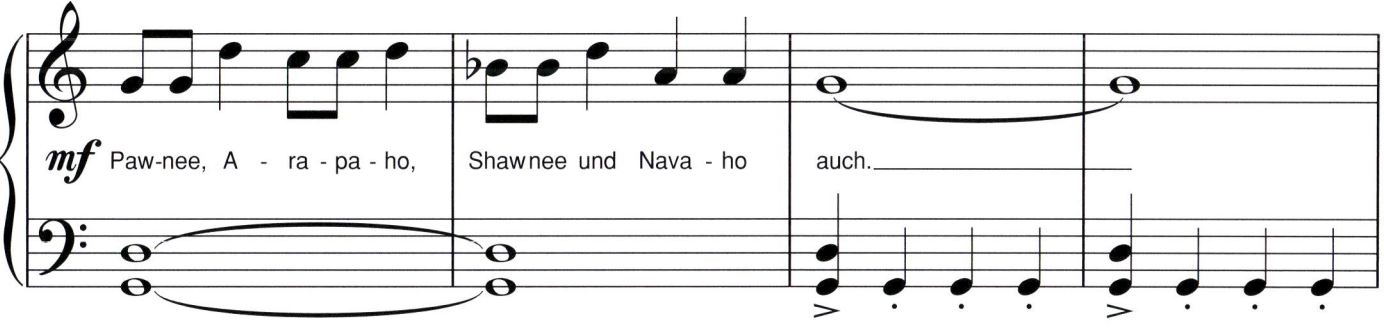

Paw-nee, A-ra-pa-ho, Shaw-nee und Na-va-ho auch.

ritardando

Dornröschen

Musik: überliefert
Text: Margarethe Löffler (19. Jh.)

Dieses Lied „erzählt" das Märchen „Dornröschen" der Gebrüder Grimm, deshalb hat es so viele Strophen.

Ihr könnt es wieder toll als **Konzertstück** aufführen, vor allem, wenn ein paar Mitspieler dabei sind. Du spielst am Klavier, andere singen und spielen das Märchen vor – wie Schauspieler.

Wenn ihr zusätzlich **Boomwhacker** oder ein **Xylophon** habt, könnt ihr das Lied mit den Tönen **C** und **F** begleiten. Auch zarte Bodypercussion-Instrumente passen gut dazu.

DAUMENLAGE C mit B

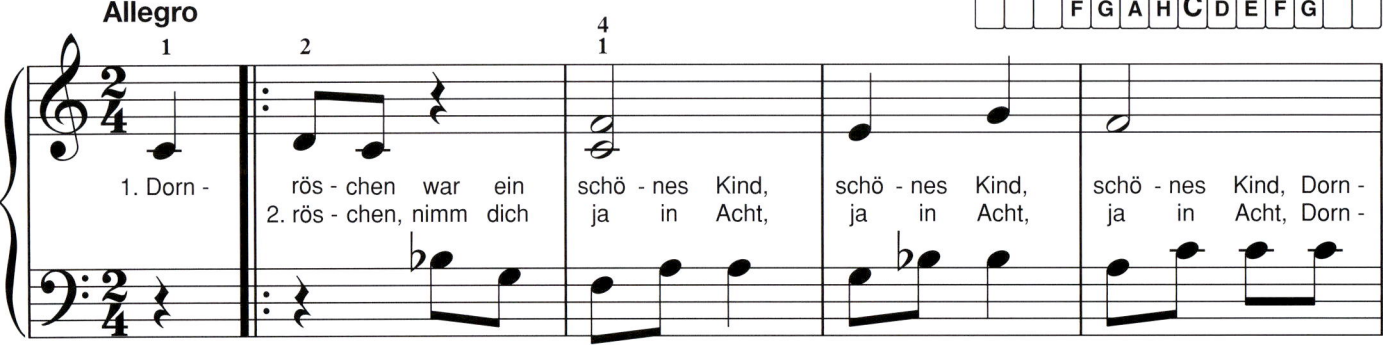

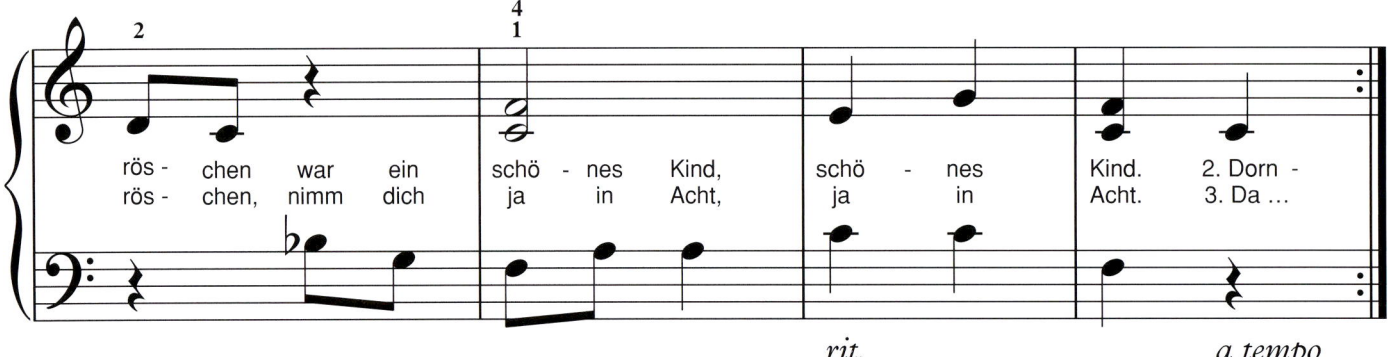

3. Da kam die böse Fee herein, ...
4. „Dornröschen, schlafe hundert Jahr, ..."
5. Da wuchs die Hecke riesengroß, ...
6. Da kam ein junger Königssohn, ...
7. „Dornröschen, wache wieder auf, ..."
8. Sie feierten ein Hochzeitsfest, ...
9. Und wenn sie nicht gestorben sind, ... leb'n sie noch.

Bodypercussion

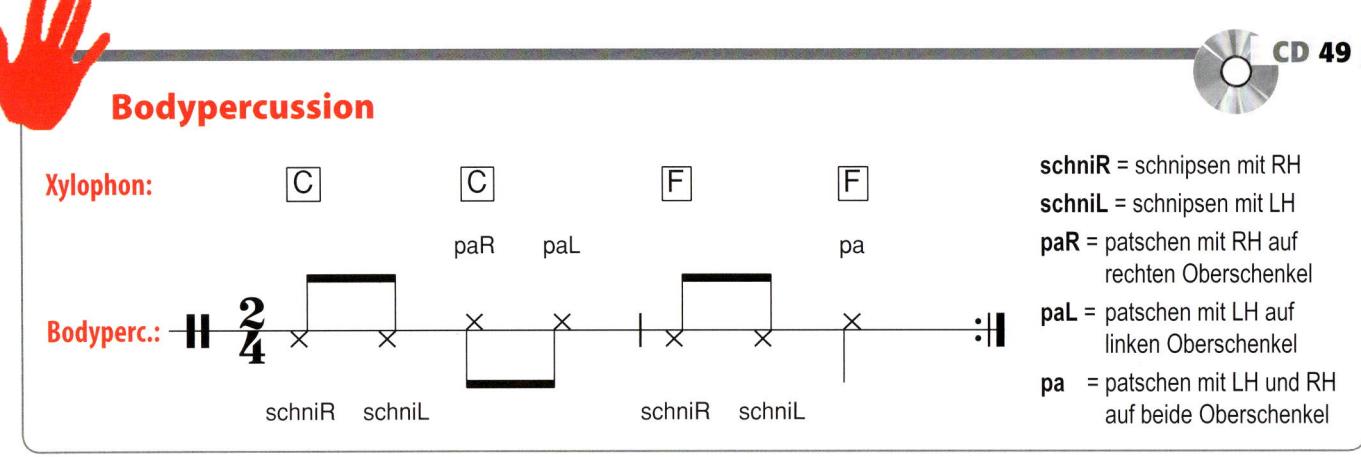

schniR = schnipsen mit RH
schniL = schnipsen mit LH
paR = patschen mit RH auf rechten Oberschenkel
paL = patschen mit LH auf linken Oberschenkel
pa = patschen mit LH und RH auf beide Oberschenkel

Das Cowboy-Lied

Lässig

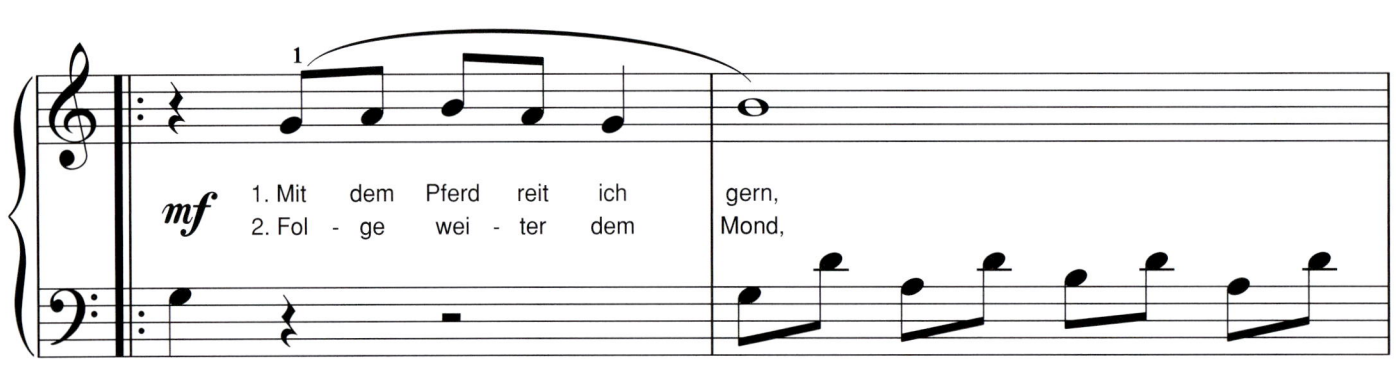

1. Mit dem Pferd reit ich gern,
2. Fol - ge wei - ter dem Mond,

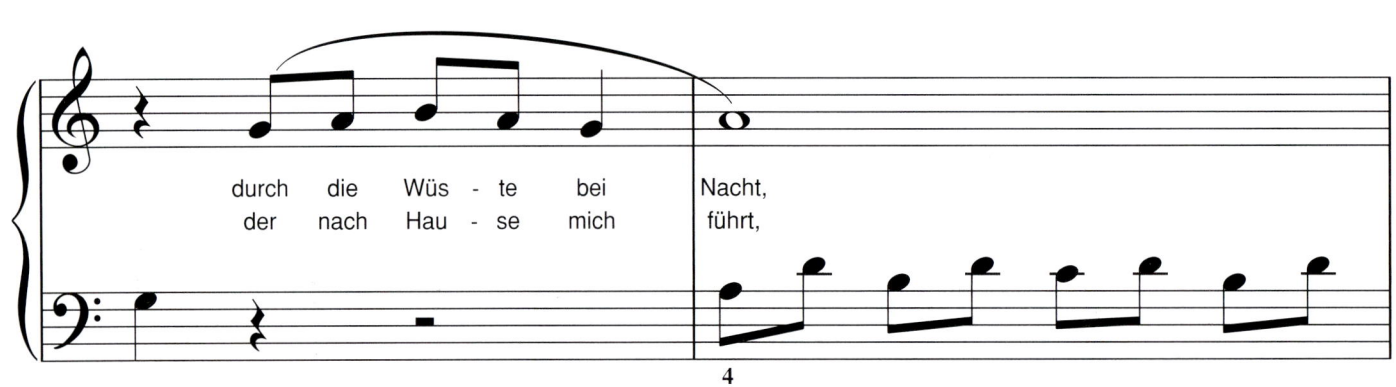

durch die Wüs - te bei Nacht,
der nach Hau - se mich führt,

Einen besonderen „WESTERN EFFEKT" erzielst du, wenn du die **Achtelnoten** rhythmisch etwas ungleichmäßig spielst:

lang kurz lang kurz usw.

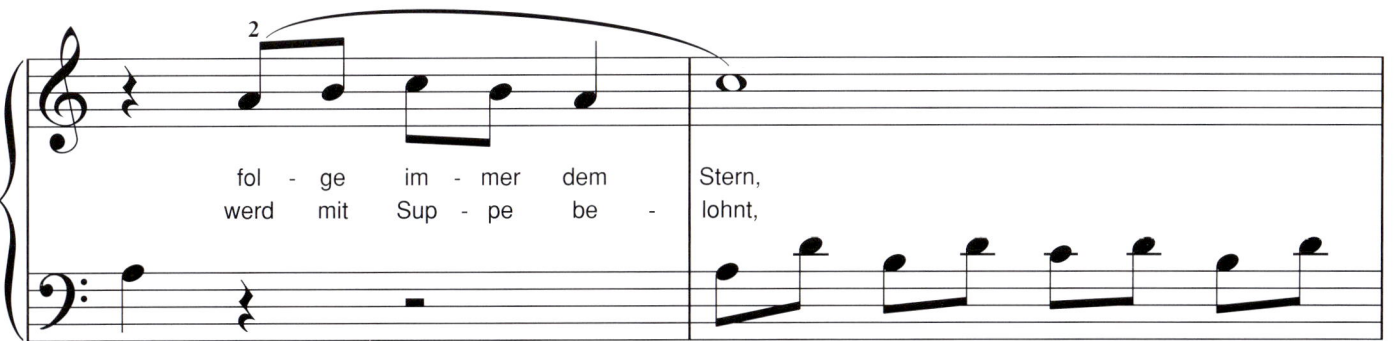
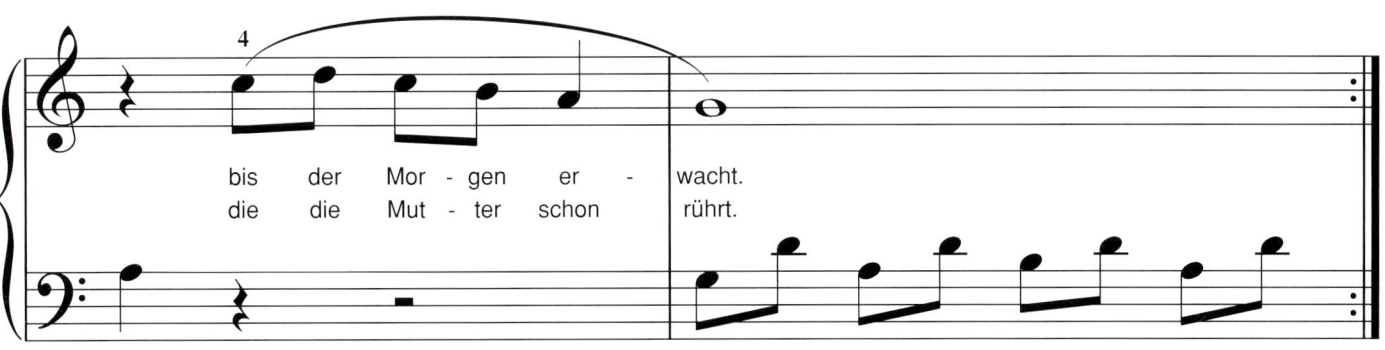
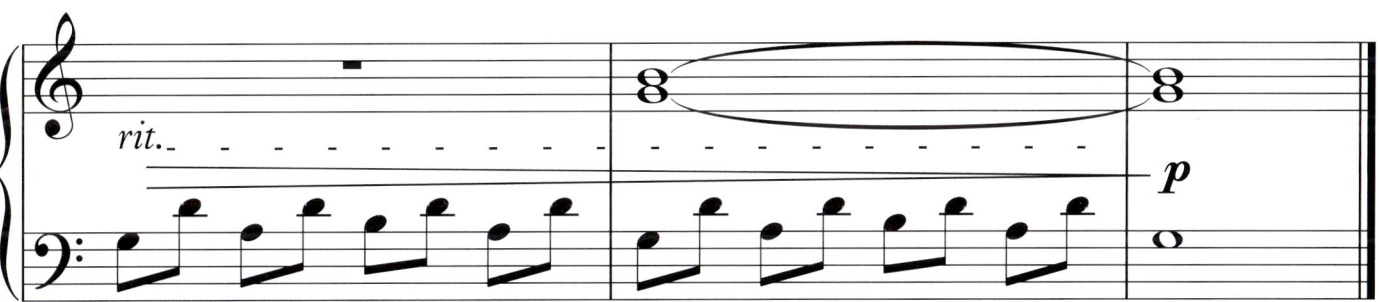

VORSCHLAG: *Das Cowboy-Lied* klingt auch sehr schön, wenn du die linke Hand *eine Oktave tiefer* spielst. Wie gefällt es dir besser?

Wir schreiben die neue 5-Fingerlage G für die LH

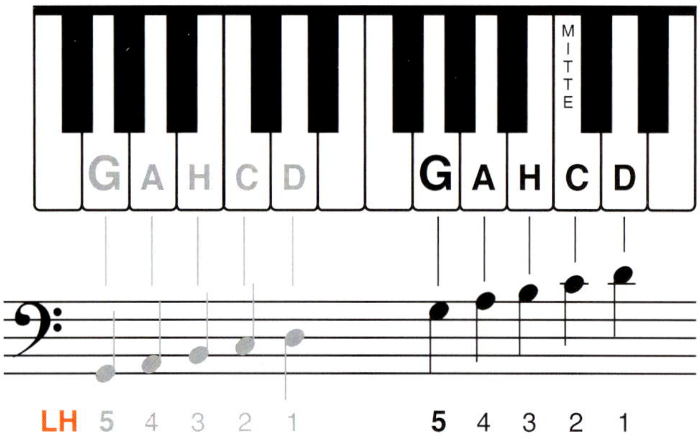

Alte Position   **Neue Position**

G A H C D   G A H C D

LH 5 4 3 2 1   5 4 3 2 1

Spiele auch: **SPIELBUCH** Spielstück **40**

Bonbonbaum und Popcornzaun

1. Schreibe die Notennamen in die Kästchen ÜBER den Noten. So lernst du die Noten der neuen, hohen G-Lage besser kennen.
2. Schreibe anschließend die Notennamen in die Kästchen UNTER den Noten. Du wiederholst die Noten der tiefen G-Lage.
3. Spiele und zähle dazu.
4. Spiele und singe das Lied vom Bonbonbaum und Popcornzaun.

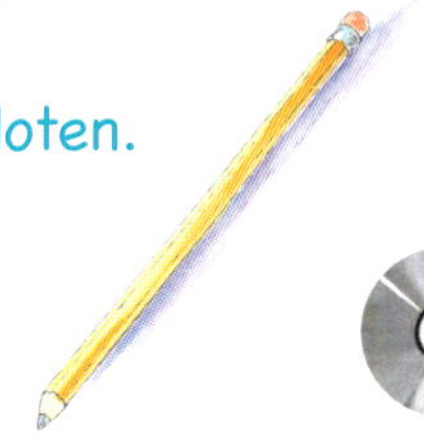

CD 52

Allegro

mf Ei - nen Bon - bon - baum, ei - nen Pop - corn - zaun und ein

Li - mo - na - den - meer. Auch ein Him - beer - eis so - wie

Scho - ko - reis, ja, das wün - sche ich mir sehr.

Lösungen auf www.klavier-fuer-kinder.de

Freunde

In diesem Stück wechseln erstmalig die Handpositionen. Du startest in der **5-Fingerlage C** und wechselst zur **neuen 5-Fingerlage G**.

Das Pedal

Das RECHTE PEDAL ist das FORTEPEDAL oder DÄMPFERPEDAL.

Wenn du dieses Pedal gedrückt hältst, klingt der Ton weiter, auch wenn du die Taste schon losgelassen hast.

Das Pedal drückst du mit dem RECHTEN FUSS. Dabei bleibt die Ferse immer am Boden, dein Knöchel bewegt sich wie ein Scharnier.

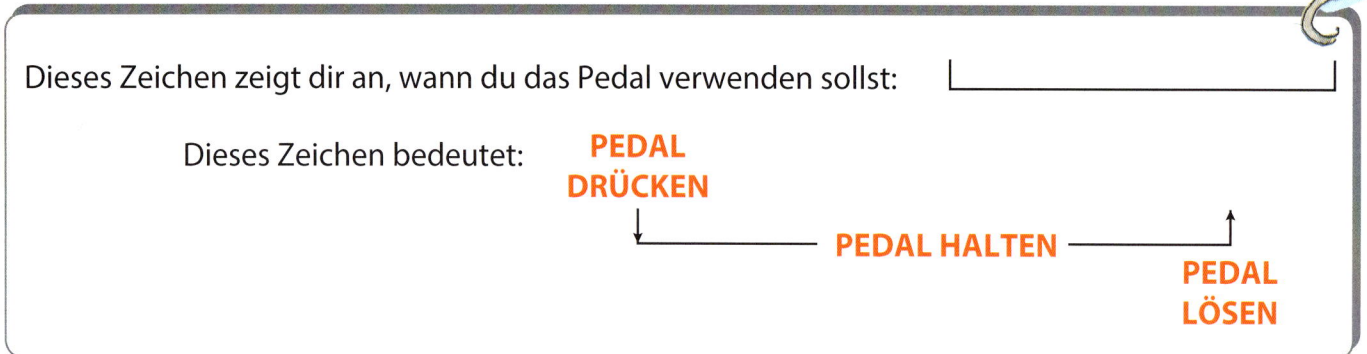

Pedal-Training

Bei diesem leichten PEDAL-TRAINING kannst du gut hören, wie die Töne weiter klingen, AUCH WENN DU KEINE TASTEN MEHR GEDRÜCKT HÄLTST.

Drücke das Pedal, wenn du spielst und halte es auch während der Pausen gedrückt.
Löse das Pedal erst, bevor du die nächsten Tasten drückst.

Spiele **SEHR LANGSAM** und **HÖRE** dir gut zu.

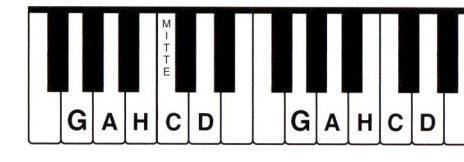

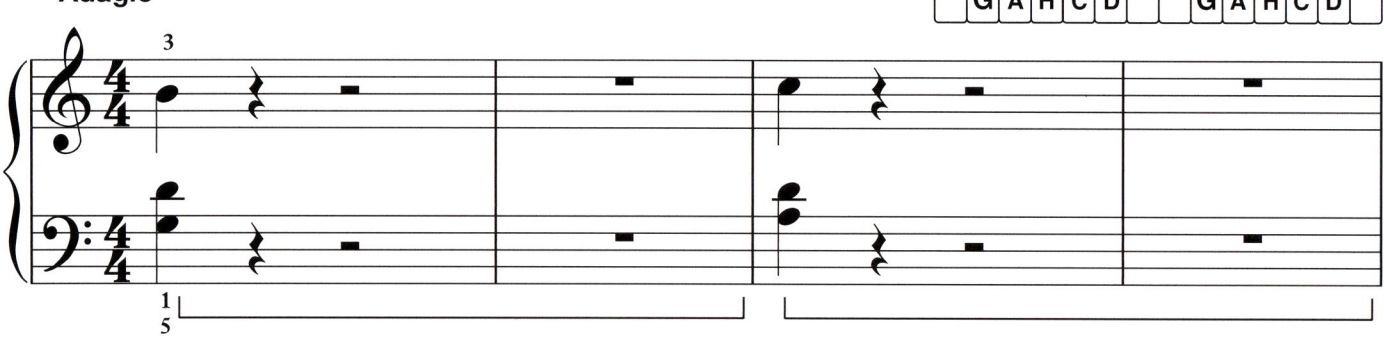

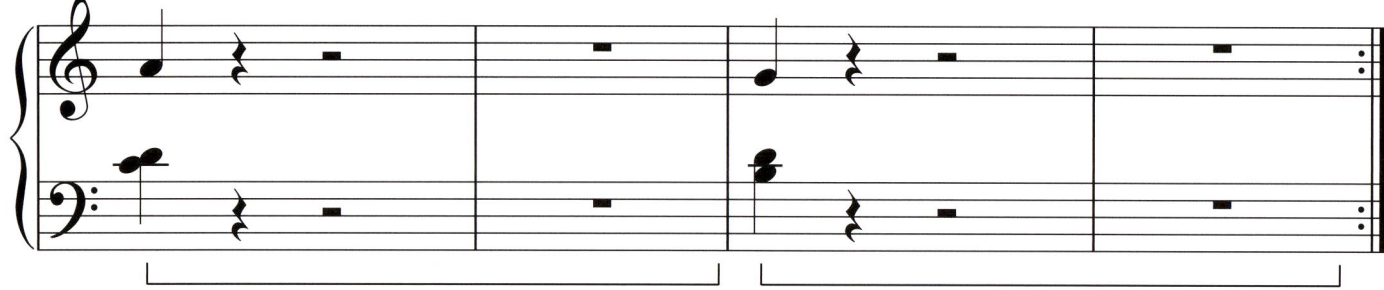

Wie eine Harfe ...

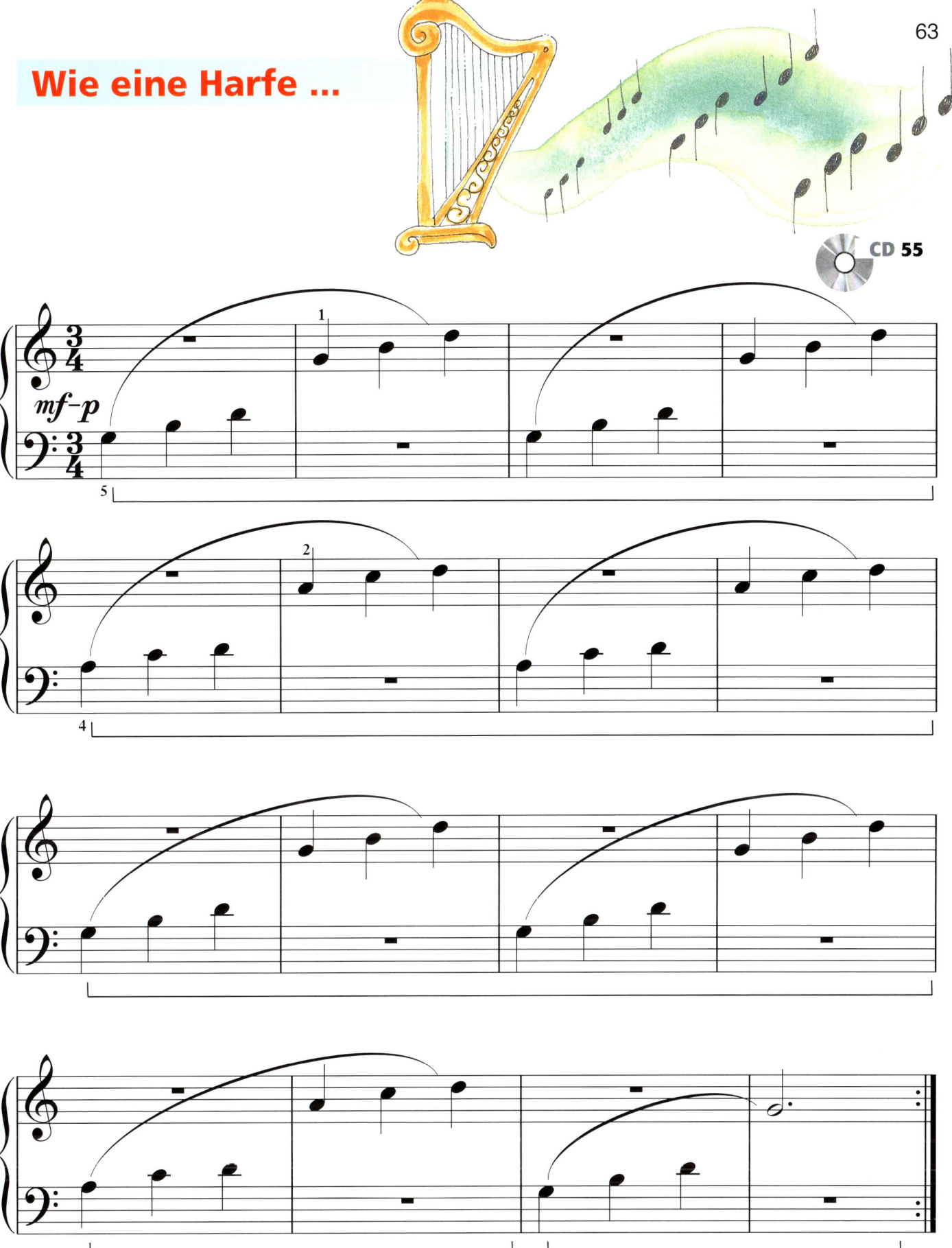

BEACHTE! Spiele das Stück auch in den folgenden Varianten:
1. Spiele in jeder Zeile den 3. und 4. Takt eine Oktave höher, als es notiert ist.
2. Spiele in jeder Zeile den 1. und 2. Takt eine Oktave tiefer, als es notiert ist.
3. Probiere auch andere Varianten aus. Wo kannst du das Stück am Klavier spielen und wie klingt es? Höre dir dabei gut zu.

Meine Rockmusik-Box

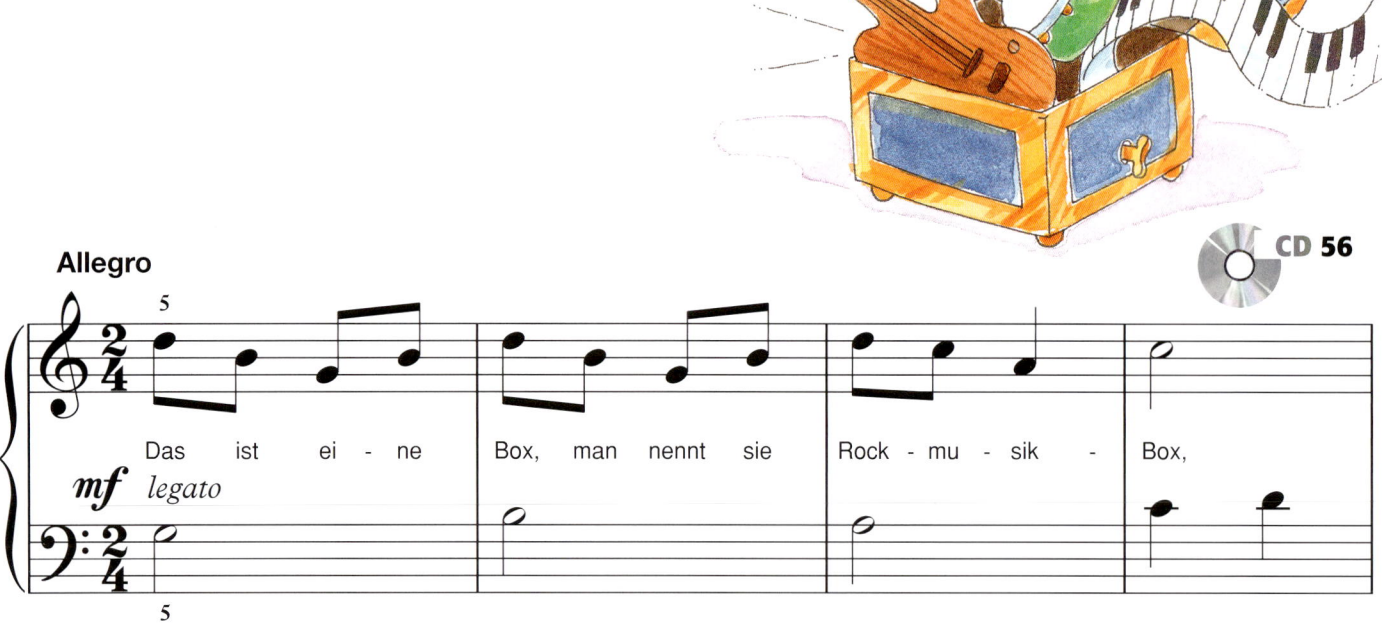
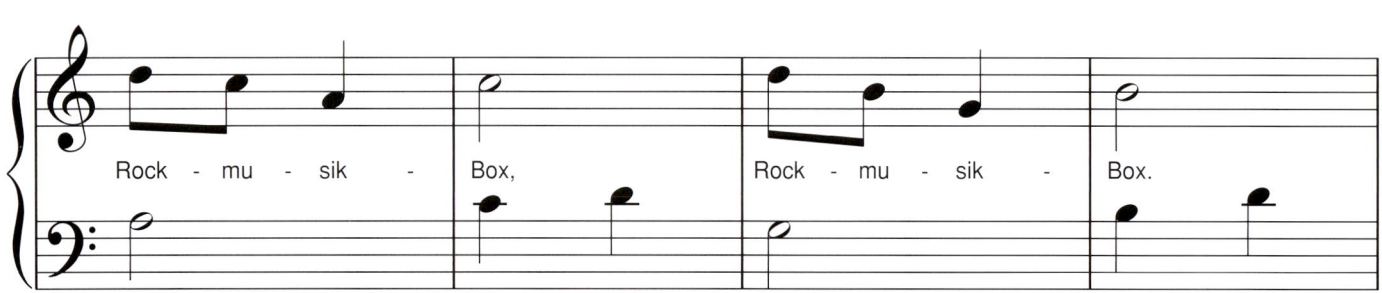

Sprichst du Italienisch?

In den meisten Ländern der Erde werden italienische Begriffe in der Musiksprache verwendet. Etliche von ihnen hast du schon gelernt. Schau doch mal, wie viel Italienisch du schon kannst.

Verbinde jedes Kästchen auf der linken Seite durch eine Linie mit dem passenden Kästchen rechts.

TEMPO	langsam
RITARDANDO	Geschwindigkeit
ADAGIO	langsamer werden
ANDANTE	gemäßigtes Tempo
MODERATO	gehendes Tempo
FERMATE	von vorne
ALLEGRO	schnell
DA CAPO	Aushaltezeichen
FINE	allmählich lauter
CRESCENDO	Ende
DECRESCENDO	mittellaut
MEZZOFORTE	allmählich leiser
PIANO	laut
FORTE	leise
LEGATO	kurz, abgehackt
STACCATO	Zurück zum Originaltempo
A TEMPO	gebunden

URKUNDE

für

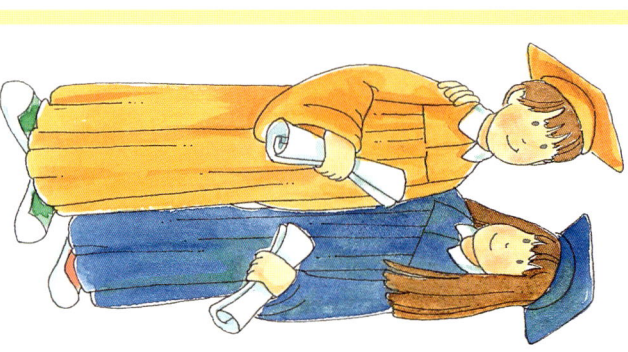

Herzlichen Glückwunsch!
Du hast Band 2 von

Alfreds

KLAVIERSCHULE FÜR KINDER

mit Erfolg durchgearbeitet.
Du bist jetzt bereit für Band 3!

Lehrer _____

Elternteil _____

Datum _____

Alfreds
Klavierschule für Kinder

Lerne Klavier spielen mit der bewährten Methode für Kinder basierend auf einer der meistverkauften Klavierschulen weltweit!

„Alfreds Klavierschule für Kinder":

- ist die deutschsprachige Ausgabe des weltweit seit Jahrzehnten in der Praxis erprobten *All-In-One Course* der ALFRED BASIC PIANO LIBRARY;
- besteht aus drei progressiv fortschreitenden Bänden mit beiliegender CD, einem ergänzenden Spielbuch und online abrufbaren Downloads;
- ist der bewährte Weg für junge Einsteiger, die das Klavierspiel Schritt für Schritt erlernen wollen;
- führt die Klavierschüler behutsam an das Notenlesen heran;
- enthält bekannte Kinderlieder, Lehrerbegleitstimmen, attraktive Quizrätsel u.v.m.

Band 1 Allgemeine Einführung in das Klavierspiel, Orientierung auf der Tastatur und Fingerkennung, beidhändiges Spiel auf den schwarzen und weißen Tasten, Daumenlage C und 5-Fingerlage C, Notenlesen mittels Buchstaben-Notation, Einführung in das Notensystem, beidhändiges Spiel nach Noten, Einführung erster Intervalle, mehrstimmiges Spiel u.v.m.

Band 2 Neue Klavierstücke, neue melodische und harmonische Intervalle, Erweiterung der Notenlesefähigkeit, Achtelnoten, neue Fingerlagen G, Auftakt, 2/4-Takt, neue Dynamik- und Artikulationstechniken, neue Tempoangaben, Lagenwechsel, Einführung in das Pedalspiel u.v.m.

Band 3 Erweiterung des Klavierstückrepertoires, Achtelpause, Sext-, Septim- und Oktavintervall, Lagenwechsel, Fingerüber- und Daumenuntersatz, Tonleitern, Dreiklänge u.v.m.

Das Spielbuch Weiterführendes Spielmaterial zu Band 1 und Band 2 zur Vertiefung des Gelernten. Eine willkommene Abwechslung zur Motivation, so viel wie möglich Klavier zu spielen.

alfred.com
klavier-fuer-kinder.de

DIE LANG LANG KLAVIERSCHULE

Klavier spielen lernen mit Lang Lang, dem beliebtesten Konzert-Pianisten der Welt!

- Die Klavierschul-Alternative für talentierte Kinder, die schnell vorankommen wollen.
- Ein ganz neuer Weg für junge Einsteiger, mit dem beliebtesten Konzert-Pianisten Klavier spielen zu lernen.
- Drei aufeinander aufbauende Bände mit online verfügbaren Hörbeispielen, auch zum Download.

BAND 1 führt junge Pianisten heran an:
- die ersten Fünf-Fingerlagen
- das Spiel über die gesamte Tastatur
- das Notenlesen
- die Notenwerte Viertel, (Punktierte) Halbe, Achtel
- die Taktarten $\frac{4}{4}$-Takt, $\frac{3}{4}$-Takt, $\frac{2}{4}$-Takt
- das gleichberechtigte Spiel mit beiden Händen

BAND 2 führt die Methodik konsequent fort:
- Erweiterung des Tonraums auf eine Oktave
- Vertiefung von Achtelnoten, Dynamik, Artikulation
- Einfaches Zusammenspiel beider Hände
- Einführung von Vorzeichen
- Daumenuntersatz – Fingerübersatz
- Einführung von Tonleitern und Tonarten

BAND 3 vollendet die Lang Lang-Methode für Kinder:
- Vertiefung von Dynamik und Akzentbetonungen
- Sechzehntelnoten und neue Tempobezeichnungen
- Neue Tonarten und Rhythmen
- Einführung in den $\frac{6}{8}$-Takt
- Phrasierungen und Pedaleinsatz
- Einführung von Synkopen und Jazzspielweise
- Ausbau des Repertoires mit Konzertstücken, Weltmusik, Blues u.v.m.

 alfredmusic.de
langlang-klavierschule.de